A New GCSE French Workbook

Part Two

Steve Smith and Gianfranco Conti

Independently published

ISBN: 978-3-911386-12-8

© S. Smith & G. Conti 2024

Images were produced using Microsoft Copilot, Pixabay or OpenAI

Cover image of the Eiffel Tower is by Sadnos on Pixabay

A New GCSE French Workbook

This workbook is for students and teachers preparing for the GCSE French exams beginning in 2026 (first teaching September 2024). It is the second of two books covering a total of 10 thematic areas.

Each one of the five units in this book consists of the following:

1. Foundation Tier vocabulary building exercises.
2. Foundation Tier exam-style reading tasks.
3. Higher Tier vocabulary building exercises.
4. Higher Tier exam-style reading tasks.
5. A Grammar Focus section with explanations and practice exercises.
6. Pre-speaking and writing exercises.
7. An exam-style photo task for both tiers.
8. An exam-style role-play task for both tiers.
9. Exam-style writing tasks for both tiers.
10. Two banks of model sentences, one for each tier.

At the end of the workbook, there is a set of answers to the exercises from parts 1-6 above.

We know how important frequent repetition is for students of all levels of proficiency. Therefore, each unit has been carefully planned to recycle the same words, chunks and sentences many times over to help students remember as much as possible when they do the exam. In addition, many high-frequency vocabulary items and grammatical structures are encountered across all the units.

The content has been written to take account of the DfE's requirement that GCSE students become familiar with aspects of the contexts and cultures in which French is spoken. The comprehension texts were written by the authors, often drawing on authentic sources.

Thematic, vocabulary and grammar content has been matched against the new specifications and should be suitable for both AQA and Pearson-Edexcel. We have stuck very closely indeed to the word lists provided by the awarding bodies.

How to use the book

Students may work through the whole book, or teachers may like to photocopy individual pages, sections or whole units. Teachers or students can use the answers provided for checking or marking.

Acknowledgments

We are grateful to Catherine Gaufreteau and Elspeth Jones for assisting with the proofing of the text.

Steve and Gianfranco

Contents
Part Two

UNIT 1

Relationships and identity

Contents

- Foundation vocab building
- Foundation reading
- Higher vocab building
- Higher reading
- Grammar focus – adjectives
- Preparing for speaking and writing
- Writing and speaking from a photo card
- Speaking in a role play
- Writing
- Sentence banks

Foundation vocab building

Vocabulary
affreux/affreuse : dreadful
l'âge (m) : age
allemand(e) : German
bavard(e) : talkative
beau/belle : beautiful
le beau-père : step-father
la belle-mère : step-mother
brun(e) : brown
célibataire : single
la colère : anger
comprendre : to understand
connaître : to know, get to know
le copain : boyfriend, friend
la copine : girlfriend, friend
court(e) : short
drôle : funny
égal(e) : equal, same
l'enfant (m/f) : child
la femme : woman, wife
la fille : daughter
le fils : son
le garçon : boy
gentil/gentille : kind
grand(e) : tall, big
inquiet/inquiète : worried
jeune : young
la jeunesse : youth
joli(e): pretty, attractive
la langue : language, tongue
le mari : spouse, husband
mort(e) : dead
mourir : to die
PACS : civil partnership
paresseux/paresseuse : lazy
passer : to spend (time)
proche (m/f) : relative/friend
s'entendre : to get on
se disputer : to argue
se séparer : to separate
seul(e) : alone
sympa : nice, friendly
la taille : size, height
tomber : to fall
travailleur (-euse): hard working
triste : sad
la vie : life
vieux/vieille : old
le visage : face
vivre : to live

1. Match up

gentil (1)	worried
célibataire	single
agréable	young
triste	funny
égal	equal
bavard	sad
drôle	old
inquiet	talkative
jeune	pleasant
vieux	kind (1)

2. Broken words

a. cop_ _ _ : boyfriend
b. pe_ _ _ : short (m)
c. enf_ _ _ : child
d. dr_ _ _ : funny
e. é_ _ l : equal, same
f. jeu_ _ : young
g. vi_ _ _ : old (m)
h. cop_ _ _ : girlfriend
i. ma_ _ : husband

3. Gapped translation

a. Il se met en colère : He gets __________.
b. Ma femme a 40 ans : My ________ is 40 years old.
c. J'ai un garçon et une fille : I have a _________ and a ________.
d. Je suis un peu inquiète : I am a bit _________.
e. Elle est célibataire : She is _________.
f. Son mari est mort : Her ________ has died.
g. Sa sœur est plus jeune : His ________ is younger.

4. Faulty translation – spot and correct the wrong translations

a. Il a les cheveux courts : He has long hair.
b. Je vis avec mes parents : I get on with my parents.
c. Mon père est drôle : My father is worried.
d. Il est encore jeune : He is still young.
e. Je ne m'entends pas bien avec lui : I get on well with him.
f. Je me dispute souvent avec eux : I often spend time with them.

5. Complete the words in each of the categories below

a. **Adjectives** (appearance): p________, g_________, v_________
b. **Adjectives** (personality): s________, d________, b__________
c. **Family members**: b____- _______, e_________, p________

6. Translate into English

a. tomber : __________   e. mourir : __________
b. se disputer : __________   f. paresseux : __________
c. seul : __________   g. vivre : __________
d. célibataire : __________   h. proche : __________
e. bavard : __________   i. passer : __________

7. Complete with suitable words

a. Mon père est très t_ _ _ _ _ _ _ _ _ _ . (My father is very hard-working.)

b. Je m'e_ _ _ _ _ _ bien avec lui. (I get on well with him.)

c. Je vis avec ma mère et mon _ _ _ _ _. (I live with my mother and my brother.)

d. Je me d_ _ _ _ _ _ souvent avec mes parents. (I often argue with my parents.)

e. Elle t_ _ _ _ amoureuse tous les jours. (She falls in love every day.)

f. Elle a un joli v_ _ _ _ _. (She has a pretty face.)

g. Leur m_ _ _ _ _ _ a été très heureux. (Their marriage has been very happy.)

h. Mes parents sont assez j_ _ _ _ _. (My parents are quite young.)

8. Add in the missing letters

a. _eune (young)

b. _omber (to fall)

c. _aresseux (lazy)

d. _rôle (funny)

e. _ACS (civil union)

f. _ie (life)

g. _ffreux (horrible)

h. _nquiet (worried)

9. Multiple choice – circle the right option

a. mort	*happy*	*dead*	*alive*
b. vieux	*young*	*kind*	*old*
c. sympa	*sad*	*simple*	*friendly*
d. court	*short*	*long*	*cold*
e. joli	*jolly*	*kind*	*pretty*
f. triste	*happy*	*sad*	*friendly*
g. jeune	*old*	*young*	*gentle*
h. gentil	*gentle*	*unkind*	*kind*
i. seul	*alone*	*sad*	*silly*
j. paresseux	*kind*	*lazy*	*friendly*
k. travailleur	*lazy*	*hard-working*	*short*

10. Definitions

a. Opposite of 'heureux' : t_ _ _ _ _ _ _ _ _

b. 'Amusant' : d_ _ _ _ _ _ _ _ _

c. 'Horrible' : a_ _ _ _ _ _ _ _ _

d. Opposite of 'vie': m_ _ _ _ _ _ _ _ _

e. Opposite of 's'entendre': se d_ _ _ _ _ _ _ _ _

f. Ma mère et mon père : mes p_ _ _ _ _ _ _ _ _

g. Le fils de mon oncle : mon c_ _ _ _ _ _ _ _ _

h. Opposite of 'long' : c_ _ _ _ _ _ _ _ _

i. Opposite of 'paresseux' : t_ _ _ _ _ _ _ _ _ _

j. Similar to 'mariage 'but different : P_ _ _ _ _ _

11. Break the flow and translate – mark the gaps and translate

a. Mon/oncle/est/allemand : My uncle is German.

b. Mesonclessontgentils : _____________________________

c. Mesparentssontjeunes : _____________________________

d. Jem'entendsbienavecmesparents : _____________________________

e. Jemedisputeavecmonfrère : _____________________________

f. Monpèreeststrict : _____________________________

g. Masœuresttravailleuse : _____________________________

h. Monpèreestsympa : _____________________________

i. C'estaffreux : _____________________________

12. Spot and correct the spelling mistakes

a. jaunes (young) : _____________

b. viux (old) : _____________

c. beaupere (stepfather): _____________

d. affrux (horrible) :_____________

e. morir (to die) : _____________

f. drole (funny) : _____________

g. jolly (pretty) : _____________

h. parreseux (lazy) : _____________

13. Unjumble the words

a. sparexseu : _____________ (lazy)

b. ejneu : _____________ (young)

c. ragdn : _______ (tall)

d. ojlie : ______ (pretty)

e. armi : ______ (husband)

f. fmmee: _______ (wife)

g. lgetni: _______ (kind)

14. Translate into English

a. Je vis avec ma mère : _____________________________________

b. Je m'entends avec mes parents : _____________________________

c. Mes parents me comprennent : _____________________________

d. Ma sœur est drôle et gentille : _____________________________

e. Mon père est travailleur : _____________________________

f. Ma mère est inquiète :_____________________________

g. Mon petit frère est triste : _____________________________

Foundation reading

1. **Read what these young people say about their families.**

Marc
Je m'entends très bien avec mes frères et sœurs, surtout mon frère Abel. Il est calme et timide.

Christine
On est quatre personnes dans notre famille. Nous vivons ensemble à Montréal depuis cinq ans.

Fatiha
Je vis avec ma mère dans un appartement. Elle est drôle et intelligente. On fait beaucoup de choses ensemble.

Sandra
Mes parents s'appellent Marie et Catherine. Elles se disputent quelquefois, mais on est très contents ensemble.

Abdul
Je m'entends bien avec mon demi-frère qui s'appelle Samir. Il est embêtant, mais gentil en général.

Who said…?

    a. The family does lots of things together.   __________

    b. Their brother is annoying.   __________

    c. They get on well with their brothers and sisters.   __________

    d. Their parents argue sometimes.   __________

    e. The family have been together for five years.   __________

2. **Three young people talk about their friends. Complete the sentences below.**

Steeve

Je pense qu'il est important d'avoir des amis avec des personnalités différentes. Par exemple, je m'entends bien avec des personnes très timides et des personnes amusantes.

Karim

Mon copain préféré s'appelle Daniel. On s'entend bien parce qu'on aime les mêmes passe-temps, surtout le sport.

Cécile

Je passe beaucoup de temps avec mon amie préférée, Perrine. On s'entend bien ensemble et on discute de tout.

    a. Who has friends with different characters?   __________

    b. Who talks about everything with their friend?   __________

    c. Who shares the same interests as their friend?   __________

Foundation reading

3. Read what Miriam says about her family.

Moi, je suis née en Martinique aux Antilles*. Je suis venue vivre avec mes deux parents à Toulouse il y a cinq ans. Puis, mes parents se sont séparés. D'abord, c'était difficile, mais maintenant je vis dans un petit appartement avec ma mère et ça se passe bien.

Je vois mon père chaque week-end, et on s'entend toujours bien. Ma mère a trouvé un nouveau copain qui est très sympa. Il s'appelle Gérard et il travaille dans une boulangerie près de chez nous. Lui, il habite dans son propre appartement.

* Antilles = West Indies

a. When did Miriam move to Toulouse? ....

b. Describe where she lives now. ....

c. How often does she see her father? ....

d. Who is Gérard? Mention **two** points. ....

4. Victor writes about his friendships in his home city of Dakar, in Senegal, Africa. Tick the things he says.

J'ai beaucoup d'amis à mon école à Dakar. À l'école on joue au football ensemble, on parle de nos cours et on va au club de natation le samedi matin. Quelquefois nous allons à la plage ensemble. L'eau n'est jamais froide ici.

Je pense que les amis sont aussi importants que la famille si on veut avoir une vie heureuse. Mais quelquefois j'ai besoin de passer du temps tout seul. Par exemple, j'aime écouter de la musique dans ma chambre.

a. He has a lot of friends.

b. He talks about sport with friends.

c. He goes swimming on Saturday mornings.

d. He goes to the beach with his friends.

e. The water is sometimes cold.

f. Friends are less important than family.

g. He does not like being alone.

h. He listens to music.

Foundation reading

5. Josiane talks about her best friend, Francine.

Ce que j'aime le plus, c'est que Francine écoute toujours bien les autres. Aussi, elle accepte les gens avec des identités différentes et elle s'entend avec tout le monde. En même temps, elle peut se disputer avec des personnes qui disent des choses méchantes sur des gens pas comme les autres.

À mon avis, il est important de dire que tout le monde est égal. Je n'aime pas les gens qui n'acceptent pas l'identité des autres.

a. What does Josiane like a lot about Francine? Mention **two** points.

(i) ……………………………………………………… (ii) …………………………………………………………

b. Why does Francine argue with some people?

………

c. What does Josiane say about identity? Mention **two** points.

(i) ……………………………………………………… (ii) …………………………………………………………

6. Clémence talks about her parents who were born in France, but now live in Montreal, Canada.

Mes parents sont venus à Montréal en 1995 pour travailler et pour être avec leurs amis. Ils sont tous les deux médecins, alors ils ont trouvé du travail très vite. Ils trouvent le temps ici très froid en hiver, mais ils aiment la ville et toutes les activités culturelles possibles.

Ce qu'ils aiment beaucoup, c'est qu'ils connaissent toutes sortes de personnes différentes et que les gens d'ici, en général, acceptent des personnes et des idées nouvelles. Ils ne veulent pas retourner en France à l'avenir.

Complete the gap in each sentence using a word from the box below. There are more words than gaps.

know	open-minded	different	travel
chemists	work	doctors	meet

a. Clémence's parents came to Montréal to ………………..

b. They work for a living as ………………..

c. They ……………… all sorts of different people.

d. They find people from Montréal to be ………………..

Higher vocab building

Vocabulary

affreux/affreuse : awful
bavard(e) : talkative
le beau-père : step-father
la belle-mère : step-mother
la blague : joke
célibataire : single
la colère : anger
comprendre : to understand
la confiance : trust
le couple : couple
drôle : funny
égal(e) : equal, same
embêtant(e) : annoying
l'enfant (m/f) : child
la femme : woman, wife
fier/fière : proud
la fille : daughter
le fils : son
garder : to take care of, keep
harceler : to bully
heureux/heureuse : happy
inquiet/inquiète : worried
jeune : young
joli(e) : pretty, attractive
le mari : spouse, husband
méchant(e) : evil, mean
mort(e) : dead
mourir : to die
PACS : civil partnership
paresseux (-euse) : lazy
passer : to spend time
proche : close relative/friend
ressembler à : to resemble
s'entendre : to get on
s'occuper de : to look after
se disputer : to argue
se séparer : to separate
sensible : sensitive
seul(e) : alone
soutenir : to support
la taille : size, height
tomber : to fall
transgenre : transgender
travailleur (-euse) : hard-working
triste : sad
la vie : life
vieux/vieille : old
le visage : face
vivre : to live

1. Match up

colère (1)	to die
fils	anger (1)
mentir	man
blague	to lie
harceler	equal
soutien	to argue
garder	to look after
proche	support
se disputer	son
égal	close relative
mourir	to bully
homme	joke

2. Spot and correct the wrong translations

a. blague : husband
b. méchant : mean
c. drôle : hard-working
d. inquiet : worried
e. jeune : old
f. fier : angry
g. femme : woman
h. affreux : great
i. mari : relative
j. visage : head

3. Gapped translation

a. Je m'entends bien avec mon frère : I __________ with my brother.
b. Mon père est très drôle : My father is very __________.
c. J'ai une fille et un garçon : I have a __________ and a __________.
d. Il raconte beaucoup de blagues : He tells a lot of __________.
e. Ma belle-mère est stricte : My _____________ is strict.
f. Papa ne se met jamais en colère : Dad never gets ________.
g. Ils se sont séparés l'année dernière : They __________ last year.

4. Multiple choice – circle the right option

a.	mourir	to be born	to die	to mourn
b.	garder	to look after	to win	to worry
c.	ressembler à	to look like	to resent	to reason
d.	taille	width	tally	height
e.	vie	victory	life	death
f.	visage	head	face	view
g.	soutenir	to argue	to send	to support
h.	jeune	young	old	kind
i.	vieux	young	vicious	old

5. Complete with the missing words

a. Je __________ beaucoup de temps en famille.
b. Elle __________ avec ses parents.
c. Sa mère est __________.
d. Il __________ beaucoup à son père.
e. Mes parents vont se __________ bientôt.
f. Ils se __________ beaucoup à cause de leur fils.
g. Mes parents sont très _____________
h. Elle vit __________ depuis le divorce.

vit
seule
passe
séparer
morte
travailleurs
disputent
ressemble

6. Match the opposites

grand (1)	heureux
paresseux	super
enfant	célibataire
triste	vieux
affreux	méchant
jeune	travailleur
sympathique	adulte
marié	riche
pauvre	en couple
seul	petit (1)

7. Translate into English

a. Il est triste : _________

b. je soutiens : _________

c. je suis seul : _________

d. il est jeune : _________

e. discuter : _________

f. se disputer : _________

g. célibataire : _________

h. séparé : _________

i. il est gentil : _________

j. ma belle-mère : _____________

k. j'aime son visage : _________

l. il est joli : _____________

m. travailleur : _____________

n. elle est mariée : _____________

o. il est vieux : _____________

p. ça m'est égal : _____________

q. vivre en couple : _____________

r. il est harcelé : _____________

8. Separate the words in the sentences below with a line

a. Elletravailledansunhôpital. (She works in a hospital.)

b. Ellesefaitdenouvellescopines. (She makes new friends.)

c. Ils'entendbienaveclesautres. (He gets on well with others.)

d. Jemesensseule. (I feel lonely.)

e. Ilsrientdemoi. (They make fun of me.)

f. Pourpasserletempsilschantent. (To spend the time they sing.)

g. Jecroisquelemariageestimportant. (I think marriage is important.)

h. Garderunerelationheureuse. (To maintain a happy relationship.)

9. Split sentences

Je passe	pas mariée
Mon ami m'	pauvres
Mon père me	le temps
Elle ne s'est	gens divorcent
Ils sont	des amis
Beaucoup de	écoute
Elle vit	comprend
Il se fait	seule

10. Put the words below in the correct order

a. sont Ils ne pas pauvres : _____________________

b. vit Il mère avec sa : _____________________

c. rient souvent de ils lui : _____________________

d. se Elle des fait copines : _____________________

e. se Il seul parfois sent : _____________________

f. se souvent Ils disputent : _____________________

11. Translate (on separate paper)

a. Je me dispute souvent avec ma sœur.

b. Je vis avec mon beau-père.

c. Ils se rient de moi.

d. Je m'entends bien avec eux.

e. Ils ne me comprennent pas.

f. Je me sens seul.

12. Translate into English (on separate paper)

a. Il a quatre enfants, deux fils et deux filles.

b. Elle est très travailleuse et ambitieuse.

c. C'est une famille très pauvre, mais heureuse.

d. Je vis avec mes parents et ma sœur.

e. Elle ne s'entend pas bien avec eux.

f. Elle a été harcelée par d'autres élèves.

g. Malheureusement il se sent seul et triste.

h. Il y a deux ans elle travaillait dans un restaurant.

i. Ils ont envoyé leur fils dans un orphelinat.

j. Elles s'amusaient en chantant et en dansant.

k. Je ne veux pas en parler avec mes parents.

l. Je dois essayer de rester calme tout le temps.

m. Ses parents le soutiennent beaucoup.

n. Je souhaite me marier un jour.

Higher reading

1. **Read this article about Oumou, a teenage girl who lives in an orphanage in Mali in Africa.**

La mère d'Oumou est si pauvre qu'elle a envoyé sa fille dans un orphelinat avec d'autres enfants. Ici, elle se fait toujours de nouvelles copines, ce qui lui plaît beaucoup. Elle dort dans un petit lit dans une pièce avec treize autres filles. Huit enfants doivent dormir par terre, car il n'y a pas assez de lits.

Elle va dans une école religieuse, mais souvent, avec les autres filles, elle travaille dans le restaurant de l'orphelinat. L'argent que le restaurant gagne est utilisé par l'orphelinat.

Oumou s'entend bien avec les autres enfants. Pour passer le temps, elles s'amusent en jouant et en chantant ensemble.

What does the article say? Put a tick next to each one of THREE statements made in the article.

a. Oumou's mother is poor.
b. Oumou has to sleep on the ground.
c. Oumou does not go to school.
d. Oumou enjoys making new friends.
e. Oumou often works at a restaurant.
f. Oumou enjoys dancing with the other children.

2. **Read this diary extract written by Denis, a boy from Rennes in Brittany, France.**

Aujourd'hui, c'était une journée difficile à l'école. J'ai été harcelé encore une fois. Les autres élèves continuent à rire de moi à cause de mes lunettes et de ma façon de parler. Cela me fait mal et je me sens seul.

Je ne sais pas pourquoi les autres réagissent comme ça. Est-ce parce que je suis différent ? Est-ce parce que je ne suis pas aussi fort ou populaire qu'eux ? Peut-être qu'ils pensent que c'est drôle de me faire du mal.

Je ne veux pas en parler à mes parents. Ils ont déjà assez de soucis. Mais je ne sais pas combien de temps je pourrai supporter cela tout seul. Ça me fait mal de me réveiller chaque matin, sachant que je devrai passer une autre journée avec des élèves qui ne m'aiment pas. Je souhaite avoir des amis qui me comprennent et m'acceptent. Mais pour l'instant, je dois essayer de rester fort et espérer que les choses s'améliorent.

a. What happened at school today? ....

b. How does Denis feel about this? Mention **two** points. (i) ....

(ii) ....

c. What does Denis not understand? ....

d. Why will he not speak to his parents? ....

e. What would he like? ....

f. What does he write at the end? Mention **two** points. (i) ....

(ii) ....

Higher reading

3. Read this message about what Jean-Marc wrote for a school project.

Notre professeur de français nous a demandé d'écrire un article sur une personne que nous respectons beaucoup. Alors, j'ai décidé d'écrire quelque chose sur mon oncle Gérard. Pour moi, c'est un modèle.

Aujourd'hui, Gérard travaille pour une association qui lutte contre la pauvreté. Quand il était adolescent, il ne savait pas quoi faire et en fait il ne travaillait pas beaucoup ! Après avoir fait ses études à l'université, il a voulu trouver un emploi intéressant qui lui permettrait d'aider les autres. J'admire ce qu'il fait actuellement. Je sais que chacun doit trouver sa propre identité, mais moi aussi, j'aimerais faire un travail du même genre.

Put a tick next to each one of the two correct statements.

a. Gérard works for a medical charity.

b. Gérard worked hard at school.

c. Gérard attended university.

d. Jean-Marc would like to do the same as Gérard.

4. Read these five opinions about marriage.

Thierry
Je crois que le mariage représente l'amour et la foi – il ne faut jamais mentir à l'autre. Vivre avec la personne qu'on aime, pour moi c'est toujours le rêve.

Jade
Le mariage n'est pas nécessaire. On peut aimer quelqu'un et vivre ensemble sans se marier. Je voudrais vivre en couple sans mettre mon nom sur un document officiel !

Yves
Le mariage peut être difficile. Parfois, les gens ont le sentiment de ne plus être indépendants. Ils doivent travailler dur pour garder une relation heureuse.

Magali
Je souhaite me marier un jour, mais je sais que tout n'est pas parfait dans un mariage. Il faut apprendre à vivre ensemble et écouter l'autre personne.

Paul
Quand mes parents se sont séparés, c'était difficile. Je me suis dit que je ne me marierais jamais. Depuis, j'ai changé d'avis et je suis ouvert à l'idée.

Who said...?

a. Some people feel that their freedom is limited by marriage. ____________

b. You should never lie to your partner. ____________

c. They have altered their opinion about marriage. ____________

d. You can live together without being married. ____________

e. You have to listen to your partner. ____________

Higher reading

5. Read Fatiha's description of her best friend.

Ma meilleure amie s'appelle Camille. Je la connais depuis trois ans. C'est une personne extraordinaire avec une personnalité sensible et responsable. Toujours heureuse et pleine d'énergie, je me sens toujours spéciale avec elle. Je crois que notre amitié vient des intérêts que nous avons en commun.

On adore toutes les deux la musique, et on passe des heures à écouter nos chansons préférées ensemble. Camille a également une passion pour la lecture, comme moi, et nous partageons souvent des livres et discutons de nos lectures. Elle est très drôle parfois et on rit beaucoup ensemble. En plus de cela, elle est toujours là pour moi, prête à m'écouter et à me soutenir dans les moments difficiles. Camille est bien plus qu'une simple amie, elle est comme une sœur pour moi.

a. How is Camille's personality described? Mention **THREE** points.

....

b. What is Fatiha's friendship with Camille based on?

....

c. Mention two pastimes they have in common?

....

d. In the second paragraph, what else does Fatiha like about Camille? Mention **TWO** details.

....

6. Read Philippe's description of an ideal friend. Then tick the FOUR correct statements.

Un ami idéal est quelqu'un de gentil et qui est toujours là pour toi. Il écoute quand tu parles et te comprend même sans mots. Il te fait rire quand tu es triste et te soutient si tu as des soucis personnels. Il partage tes intérêts et aime faire des choses avec toi.

À mon avis, un bon ami doit être aussi quelqu'un de drôle qui aime les blagues et qui garde toujours ses promesses. J'aime les personnes indépendantes, mais qui n'aiment pas les conflits, qui croient à l'égalité et qui ne critiquent pas trop les autres.

Philippe's ideal friend…

a. … would be sporty.

b. … would be a good listener.

c. … would believe in equality

d. … would like a joke.

e. … would talk a lot.

f. … would be kind.

g. … would enjoy an argument.

h. … would be patient.

Grammar focus – adjectives

Adjectives are words used to describe or modify the meaning of a noun or pronoun. They tell you more about a person or thing, for example what it's like, how big it is, what colour it is and so on.

Agreement

We say that adjectives **agree** in French. This means that the end of the adjective is often spelled differently, depending on the noun or pronoun it refers to.

Look at these examples:

Mon père est intelligent. (My father is smart.)   **Ma mère** est intelligent<u>e</u>. (My mother is smart.)

Mon ami est gentil. (My (male) friend is kind.)   **Mon amie** est genti<u>lle</u>. (My (female) friend is kind.)

Mon frère est sympa. (My brother is friendly.)   **Mes frères** sont sympa<u>s</u>. (My brothers are friendly.)

Elle est heureus<u>e</u>. (She is happy.)   **Elles** sont heureus<u>es</u>. (They are happy.)

In general, we add an *e* to the adjective if the noun or pronoun is **feminine singular**. We add an **s** if the noun or adjective is **masculine plural** and **es** if the noun or pronoun is **feminine plural**. But there are many exceptions you need to know. In the end, if you get the ending wrong, it won't affect the meaning of what you say or write, but it's good if you can get them right, especially when writing.

When you write, always check the spelling of an adjective. Does it agree correctly with its noun or pronoun?

Position

In English, adjectives go before a noun, for example **'a friendly person'** or **'a kind man'**. In French they usually go after the noun, for example *une personne sympa* or *un homme gentil*.

A small number of common French adjectives usually go **before** the noun. These are: *bon, mauvais, grand, petit, gros, beau, joli, nouveau, vieux, long* and *court*. But position can vary and a few actually change their meaning depending on whether they go before or after the noun, for example *un ancien château* ('a former castle') and **un château ancien** ('an ancient castle').

Comparatives

Look how we use adjectives to compare two things:

Mon ami est **plus** travailleur **que** moi. (My friend is **more** hard-working **than** me.)

Ma sœur est **moins** genti<u>lle</u> **que** moi. (My sister is **less** kind **than** me.)

Les amis sont **aussi** important<u>s</u> **que** la famille. (Friends are **as** important **as** family.)

For' better', we say *meilleur(e)(s)* and for 'worse' we say *pire(s).*

Superlatives

This is when one thing stands out from the rest, for example the best, the biggest, the longest. See how this works:

C'est **la** chose **la plus** important<u>e</u>. (It's the most important thing.)

But note that to say 'the best', we say *le/la/les meilleur(e)(s)* and for 'the worst' we say *le/la/les pire(s).*

1. Complete the table

Masculine	Feminine
intelligent	
travailleur	
gentil	
drôle	
bavard	
brun	
heureux	

2. Circle the correct adjective

a. Mon père est *grand/grande.*

b. Ma belle-mère est assez *petit/petite.*

c. Marine est *heureux/heureuse* aujourd'hui.

d. Mes parents sont assez *stricts/strict.*

e. Ma cousine est très *travailleuse/travailleur.*

f. Mes oncles sont assez *bavards/bavardes.*

g. Sandrine est très *jolie/joli.*

h. Mes tantes sont *sympas/sympa.*

3. Complete the translation

a. Ma mère est _________. (My mother is strict.)

b. Ma sœur est _________. (My sister is talkative.)

c. Ma mère est __________. (My mother is happy.)

d. Elle a l'air _________. (She looks sad.)

e. Mes oncles sont __________. (My uncles are annoying.)

f. Ta mère est __________. (Your mother is kind.)

g. Ils sont ___________. (They are hard-working.)

4. Translate into English the adjectives below then circle the ones that can go before a noun

a. bon _______   g. drôle _______

b. sympa _______   h. gros _______

c. triste _______   i. petit _______

d. long _______   j. joli _______

e. court _______   k. grand _______

f. bavard _______   l. beau _______

5. Arrange the words in each sentence in the correct order

a. est Mon strict père que est ma moins mère. (My father is less strict than my mother.)

b. plus sœur moi Ma forte est que. (My sister is stronger than me.)

c. sont Mes plus parents oncles gentils mes que. (My parents are kinder than my uncles.)

d. sont que nous Nos aussi cousins grands. (Our cousins are as tall as us.)

e. frère suis Je plus mon que travailleuse. (I am more hard-working than my brother.)

f. Mon vieux aussi grand-père grand-mère est ma que. (My grandfather is as old as my grandmother.)

6. Tangled translation (write in below each English phrase)

a. Elle est *smaller* que moi.

b. Je suis *less intelligent than* mon frère.

c. Il est plus *hard-working* que mon frère.

d. Mes oncles sont *nicer* que mes tantes.

e. Mon frère est *more* sympa *than* ma sœur.

f. Mon père est *less strict* que ma mère.

g. Ma mère est *as* stricte *as* mon père.

7. Correct the mistake found in the part of the sentence underlined

a. Ma mère est plus <u>grand</u> que ma tante.

b. C'est la <u>chose plus</u> importante.

c. Mon cousin est plus <u>intelligente</u> que ma cousine.

d. Mes parents sont plus <u>sympa</u> que mes oncles.

e. Elle est plus <u>petit</u> que moi.

f. Nous sommes plus <u>travailleur</u> qu'eux.

g. Mes frères sont plus <u>fort</u> que moi.

8. Translate into English

a. un homme fort : _______________

b. une grande femme : _______________

c. une vieille femme : _______________

d. une grosse voiture : _______________

e. un beau garçon : _______________

f. un nouvel ami : _______________

g. une jolie maison : _______________

h. un gros problème : _______________

i. un vieil homme : _______________

j. une nouvelle prof : _______________

k. un bon copain : _______________

9. Tick the grammatically correct phrases and, if they are wrong, correct them

English	Français	√/x
a pretty face	un joli visage	
a tall man	un grand homme	
a good-looking boy	un garçon beau	
a small child	un enfant petit	
a long road	une longue rue	
a new house	une nouvelle maison	
a nice person	une sympa personne	
a tall woman	une femme grande	
a big car	une grosse voiture	

10. Translate into French. (f = feminine and m = masculine)

a. sister _______

b. father _______

c. uncle _______

d. brother _______

e. grandfather _______

f. grandmother _______

g. cousin (f) _______

h. aunt _______

i. good (f) _______

j. tall (m) _______

k. pretty (f) _______

l. good (m) _______

m. big (f) _______

n. new (f) _______

o. beautiful (f) _______

p. small (f) _______

11. Translate into French

a. a tall man : _______

b. a small boy : _______

c. a pretty face : _______

d. an old woman : _______

e. a big car : _______

f. an old man : _______

g. a pretty girl : _______

h. a new (m) friend : _______

12. Translate into French

a. My mother is tall, but my sister is taller than my mother.

____

b. My father is strict and my mother is as strict as him.

____

c. My grandfather is 73. My grandmother is younger than him.

____

d. I am short, but my girlfriend is shorter than me.

____

e. My brother is bigger and taller than me, but I am stronger.

____

g. I have some good teachers, but my French teacher is the best. Of course.

____

Preparing for speaking and writing

1. Complete with the missing letters

a. a_i (friend

b. dr_le (funny)

c. ma_iage (marriage)

d. sou_ien (support)

e. gen_il (kind)

f. gran_ (tall)

g. _on (good)

h. tra_ailleur (hard-working)

2. Gapped translation

a. My father is kind : Mon père est ______________.

b. I get on well with him : Je m'____________ bien avec lui.

c. He is stricter than my mother : Il est ________ strict que ma mère.

d. But he is hard-working : Mais il est ____________.

e. He is also funny : Il est ____________ aussi.

f. He tells a lot of jokes : Il raconte beaucoup de ____________.

g. My mother is kind : Ma mère est ______________.

h. She has a very pretty face : Elle a un très __________ visage.

i. She is not very talkative : Elle n'est pas très ____________.

3. Broken words

a. short (m) : pet_ _

b. funny : dr_ _ _

c. I live : je v_ _

d. I get on : je m'ent_ _ _ _

e. he is : il e_ _

f. in my family : dans ma fam_ _ _ _

g. a good father : un b_ _ père

h. a good mother : une bo_ _ _ mère

i. hard-working (m) : trav_ _ _ _ _ _ _

4. Tangled translation. Insert the French below the parts in English)

a. Un *friend* idéal garde ses *promises*.

b. Un ami *ideal* te *supports* tout le *time*.

c. Dans *my* famille *there are* quatre *persons*.

d. Mon ami *preferred is called* Jacques. Il est très *funny*.

e. *When* je sors *with* mes amis, *we go* au centre-ville.

f. Ma mère est *more strict than* mon père.

g. *Yesterday* je *went* au restaurant avec *my parents*.

h. *Two days ago* on est allés *to the cinema*.

i. Je *argue* avec mes parents *rarely*.

5. Anagrams

a. armi (husband) : ___________

b. mai (friend) : __________

c. lerdô (funny) : __________

d. afimell (family) : __________

e. tigenl (kind) : __________

f. ivver (to live) : __________

g. aspesr (to spend) : __________

h. osuiten (support) : __________

i. omtr (dead) : __________

j. ivuex (old) : __________

k. ripe (worse) : __________

l. lemreilu (better) : __________

6. Guided translation

a. He is a good friend : I_ e__ u_ b_ _ a_ _.

b. My mother is short : M_ m_ _ _ e_ _ p_ _ _ _ _ .

c. My father is lazy : M_ _ p_ _ _ e_ _ p _ _ _ _ _ _ _.

d. I get on well with him : J_ m'e_ _ _ _ _ _ b_ _ _ a_ _ _ l_ _ .

e. I look like my mother : J_ ress _ _ _ _ _ à m_ m_ _ _ .

f. My brother is taller : M_ _ f_ _ _ _ e_ _ _ p_ _ _ g_ _ _ _.

g. My sister is kind : M_ s_ _ _ _ e_ _ _ g_ _ _ _ _ _ _.

h. I like her a lot : J_ l'a_ _ _ b_ _ _ _ _ _ _ .

i. He is older than me : I_ e_ _ p_ _ _ â_ _ q_ _ m_ _ .

j. We went to the shops : O_ e_ _ a_ _ _ _ a_ _ m _ _ _ _ _ _ _.

k. I argue with him : J_ m _ d _ _ _ _ _ _ a _ _ _ l_ _.

l. My girlfriend is tall : M _ c _ _ _ _ _ e _ _ g_ _ _ _ _.

7. Complete the missing words

a. Dans _ _ famille il y a quatre personnes.

b. Je suis plus grand _ _ _ mon père.

c. Ma mère s' _ _ _ _ _ _ _ Sandrine.

d. Mon frère est _ _ _ _ _ âgé que moi.

e. Un ami idéal est quelqu'un _ _ gentil.

f. Je veux parler _ _ mon oncle Julien.

g. La chose _ _ plus importante est l'amour.

h. Mes parents _ _ disputent rarement.

i. Ce _ _ _ j'aime le plus chez mon père, c'est qu'il est très travailleur.

8. Split sentences

Dans ma famille il y a (1)	disputent souvent.
Un ami idéal, c'est	est allés à la piscine.
Mes parents se	mon oncle.
Mon petit frère est plus	cinq personnes. (1)
Hier, on	admire, c'est mon père.
Je veux parler de	que moi.
Une personne que j'	quelqu'un de gentil.
Ma mère est	appelle Fatiha.
Il est aussi grand	intelligent que moi.
Ma sœur s'	très travailleuse.

9. Correct the French translations

a. There are four people : Il y a cinq personnes.

b. They are eating : Ils boivent.

c. They look happy : Ils ont l'air tristes.

d. They eat vegetables : Ils mangent de la viande.

e. There are two women : Il y a deux hommes.

f. They are vegan : Ils sont végétariens.

g. There are three boys : Il y a trois fils.

h. They're playing cards : Ils jouent aux jeux-vidéo.

i. They look sad : Ils ont l'air en colère.

10. Correct the spelling and grammar errors

a. La meilleur chose (the best thing).

b. Un ami ideal.

c. Nous sommes vegans.

d. Il est une bon mère.

e. Il y a quatre persons.

f. Ma familie et moi.

g. Mes parents se disputes souvent.

h. Ma mere est travailleure.

i. Ce qui j'aime, c'est qu'il est gentil.

11. Translate into English

a. I get on well with my parents. They are kind.

____

b. I argue sometimes with my parents.

____

c. I think that my mother is kind and patient.

____

d. The best thing about him is that he supports me.

____

e. I spend a lot of time with my family.

____

f. We went to the shopping mall. It was fun.

____

g. My sister is very nice but very talkative.

____

h. He is funnier than my sister, but less hard-working.

____

i. I went to the swimming pool with my father.

____

Writing and speaking from a photo card

Write something about both of these photos. Write about who you see, where they are and what they are doing. Read out your description.

....

....

....

....

....

....

Answer the following questions related to this topic. Read out your answers.

1. As-tu un(e) ami(e) préféré(e) ? Décris-le/la.

....

....

2. Qu'est-ce que tu fais avec tes ami(e)s ?

....

....

3. Pour toi, un ami idéal, c'est comment ?

....

....

4. Qu'est-ce que tu penses du mariage ?

....

....

5. Qu'est-ce que tu **as fait** récemment avec ta famille ou tes amis ?

....

....

....

Speaking in a role-play

Look at the instructions on the left as they would appear in a speaking test. Read aloud with a partner the dialogue on the right. Then do the dialogue a second time, changing the answers or questions in bold. Take turns playing the two roles.

Foundation (Where you see …, the partner makes up a short answer as if they were an examiner.)

<table>
<tr><td valign="top">

1. Mention **one** thing about a best friend you have.
2. What is your friend's personality like? Mention **one** thing.
3. Ask your friend a question about their family.
4. Describe your mother or father. (Give **one** detail.)
5. Say what you did last weekend with friends. (Give **one** detail.)

</td><td valign="top">

1. Comment est ton/ta meilleur(e) ami(e) ?
   Il s'appelle Henry.
2. Ton ami(e), il/elle est comment ?
   Il est gentil.
3. **Tu as des frères ou des sœurs ?**
   …
   Parle-moi de ta mère ou ton père.
4. **Mon père est drôle.**
   Qu'est-ce que tu as fait le week-end dernier avec tes ami(e)s ?
5. **J'ai joué au rugby.**

</td></tr>
</table>

✂ ....

Higher (Where you see …, the partner makes up a short answer as if they were an examiner.)

<table>
<tr><td valign="top">

1. Describe your family. (Give **two** details.)
2. Say what you think is important in a friend. (Give **one** opinion and **one** reason.)
3. Ask your friend a **question** about family.
4. Give **one** advantage and **one** disadvantage of living together.
5. Say what you did with your family recently. (Give **one** detail.)

</td><td valign="top">

1. Parle-moi de ta famille.
   J'ai un frère qui est plus âgé que moi.
2. C'est quoi, un bon ami ?
   Je pense qu'un bon ami doit être drôle parce que j'aime les blagues.
3. **Tu as des frères ou des sœurs ?**
   …
4. Quels sont les avantages et les inconvénients de vivre en couple ?
   On peut faire beaucoup de choses ensemble, mais on est moins indépendant.
5. Qu'est-ce que tu as fait avec ta famille récemment ?
   Je suis allé(e) au cinéma.

</td></tr>
</table>

Foundation writing

Write about 50 words in French. Write something about each point.

• A good friend   • What they look like   • Their character   • Why you like them   • What you do together

1. ....
2. ....
3. ....
4. ....
5. ....

Using your knowledge of grammar complete the sentences below, choosing one of the three options given.

1. Je .... en ville avec mes amis (allons/vais/va).

2. Nous .... à des jeux vidéo ensemble (jouons/jouent/jouer).

3. Je pense que ma mère est très .... (gentil/gentille/gentils).

4. Mon chanteur favori a sorti une .... chanson (nouveaux/nouveau/nouvelle).

5. Mes amis .... souvent en ville (sort/sortons/sortent).

Foundation/Higher writing

Write approximately 90 words in French. You must refer to each bullet point.

• Your family   • What you have done recently as a family   • What you will do in the future as a family

....

....

....

....

....

....

....

Higher writing

In your exercise book or on paper, write approximately 150 words about relationships. You must write something about all the bullet points. You can either refer to the language in this unit, for example the sentence bank, or do the task in 'exam conditions', without help. Or you could do both!

- The importance of having friends
- What you have done recently with your friends
- The pros and cons of getting married
- Your future relationship plans

Foundation sentence bank

Nous sommes cinq personnes dans ma famille.	**There are five of us** in my family.
J'ai une sœur et un demi-frère.	I have a sister and a step-brother.
Je **m'entends** bien avec mes parents.	I **get on** well with my parents.
À mon avis les amis sont **aussi** important**s que** la famille.	In my opinion friends are **just as** important **as** family.
Mon ami préféré s'appelle Jordan.	My best friend is called Jordan.
J'ai beaucoup d'ami(e)s à l'école.	I have lots of friends at school.
Mon amie Céline est calme et timide.	My friend Céline is quiet and shy.
Elle écoute bien les autres et elle accepte tout le monde.	She listens to others and accepts everyone.
Je suis né(e) à Leeds en Angleterre.	I was born in Leeds in England.
Le week-end dernier j'**ai joué** au foot avec mes amis.	Last weekend I **played** football with my friends.
Quelquefois je **me dispute** avec mes frères.	Sometimes I **argue** with my brothers.
J'aime toutes sortes de personnes.	I like all sorts of people.
Il est important d'accepter des idées différent**es**.	It is important to accept different ideas.
Ma mère est drôle et intelligent**e**.	My mother is funny and smart.

✂···

.

Higher sentence bank

Je m'entends bien avec ma famille, surtout ma mère.	I get on well with my family, especially my mother.
Ma mère est drôle, intelligent**e** et sensible.	My mother is funny, smart and sensitive.
Je me dispute avec mon frère de temps en temps.	I argue with my brother from time to time.
Je **connais** ma meilleure amie **depuis** trois ans.	I **have known** my best friend **for** three years.
Mon ami(e) préféré(e) a les mêmes intérêts que moi.	My best friend has the same interests as me.
Les bons amis **doivent être** gentil**s**, sympa**s** et patient**s**.	Good friends **must be** kind, friendly and patient.
Ce que j'aime, c'est un ami qui **me** comprend.	**What** I like is a friend who understands **me**.
Je l'ai rencontrée **en jouant** au rugby.	I met **her while playing** rugby.
Mes amis **me font** rire tout le temps.	My friends **make me** laugh all the time.
Il est important de **ne pas** se marier trop jeune.	It is important **not** to get married too young.
Pour moi, le mariage n'est pas nécessaire pour un couple.	For me, marriage is not necessary for a couple.
Je **souhaite garder** mon indépendance à l'avenir.	I **wish to keep** my independence in the future.
Il est important de respecter des identités différent**es**.	It is important to respect different identities.
Je **passe** des heures **à rire** avec mon ami(e).	I **spend** hours **laughing** with my friend.

UNIT 2

The world around us

Contents

- Foundation vocab building
- Foundation reading
- Higher vocab building
- Higher reading
- Grammar focus – using two verbs together
- Preparing for speaking and writing
- Writing and speaking from a photo card
- Speaking in a role play
- Writing
- Sentence banks

Foundation vocab building

Vocabulary

l'arbre (m) : tree
améliorer : to improve
beau/belle : beautiful
le bâtiment : building
le bord : edge, side
la boulangerie : bakery
le brouillard : fog
la campagne : countryside
chaud(e) : hot
le chômage : unemployment
la chambre : bedroom
la côte : coast
droit(e) : straight
derrière : behind
devant : in front of
entre : between
l'espace (m) : space
l'été (m) : summer
fabriquer : to manufacture
la ferme : farm
froid(e) : cold
gauche : left
l'hiver (m) : winter
l'île (f) : island
industriel(le) : industrial
le jardin : garden
jeune : young
le lieu : place
loin (de) : far
la mer : sea
la montagne : mountain
la pauvreté : poverty
la pièce : room
la plage : beach
la pluie : rain
polluer : to pollute
le printemps : spring
propre : clean
le quartier : neighbourhood
la rue : street
sale : dirty
le salon : living room
se trouver : to be situated
le soleil : sun
sûr(e) : safe
le temps : weather
l'usine (f) : factory
le vent : wind
la ville : town, city
vivre: to live

1. Match up

propre (1)	hot
sale	right
loin	left
beau	young
jeune	cold
vieux	beautiful
gauche	old
droit	poor
chaud	dirty
froid	far
pauvre	clean (1)

2. Correct the wrong translations

a. à la campagne : in the city

b. il y a du brouillard : it's windy

c. sur la côte : on the side

d. au bord de la mer : by the river

e. il y a une forêt : there is a factory

f. sept pièces : seven pieces

g. il y a des arbres : there are flowers

h. devant la maison : in the house

i. il fait froid : it is hot

3. One of three – circle the right answer

été	summer	winter	spring
loin	near	far	behind
hiver	autumn	summer	winter
gauche	right	straight	left
mer	river	sea	beach
plage	beach	play	sea
beau	windy	quiet	beautiful
droit	right	left	under
rue	shop	island	street
sale	sale	dirty	salt

4. Tick the words to do with weather

a. chaud

b. chômage

c. vent

d. brouillard

e. froid

f. salon

g. pluie

h. mer

5. Complete the translation

a. Il est derrière ma maison : It is __________ my house.

b. Entre les deux bâtiments : ____________ the two buildings.

c. Il fait toujours beau : The weather is always ___________.

d. Il y a beaucoup d'espaces verts : There are many green ___________.

e. La ville est propre et calme : The town is _________ and quiet.

f. Je vis au bord de la mer : I live by the ___________.

6. Translate into English

a. soleil ________   e. jeune ________   i. pluie ________

b. quartier ________   f. usine ________   j. hiver ________

c. temps ________   g. vivre ________   k. mer ________

d. pièce ________   h. plage ________   l. campagne ________

7. Sentence puzzle – put the words in the right order

a. beaucoup Il de y a chômage. [There is a lot of unemployment.]

____

b. il En fait froid hiver souvent et il très pleut. [In winter it is cold and it rains very often.]

____

c. dans les rues Il n'y a pas poubelles assez de. [There aren't enough rubbish bins on the streets.]

____

d. La la campagne à vie et calme est saine plus. [Life in the countryside is calmer and healthier.]

____

e. ma beaucoup Dans de bruit a ville y il. [In my town there is a lot of noise.]

____

f. région Ma de historiques lieux belle pleine est et. [My region is beautiful and full of historic places.]

____

g. quartier et est sûr assez Mon tranquille. [My neighbourhood is quite quiet and safe.]

____

---

8. Complete with the correct option

a. Il fait ___________ en hiver.

b. Ma ville est très _________.

c. Je vis dans le ________ de la France.

d. Mon _________ s'appelle 'La Madeleine'.

e. J'habite à la ___________.

f. Il y a des _________ historiques à visiter.

g. Il y a un petit _____________.

h. Je ___________ la ville à la campagne.

> grande
> sud
> supermarché
> quartier
> froid
> préfère
> lieux
> campagne

---

9. Translate into French

a. Je voudrais vivre.

b. Il y a trop de bâtiments.

c. Mon quartier est pauvre.

d. Ma ville est belle et propre.

e. On peut faire du sport.

f. Je fais des promenades.

g. Au printemps il fait très beau.

h. Il y a moins de bruit.

---

10. Tick all the words with negative meaning

a. beau

b. pollution

c. ennuyeux

d. sale

e. propre

f. joli

g. affreux

h. violent

i. pluie

j. mauvais

k. dangereux

---

11. Translate into English (on separate paper)

a. C'est une grande ville intéressante pour les touristes.

b. Il y a un petit centre commercial près de chez nous.

c. À la campagne la vie est beaucoup plus tranquille et sûre.

d. Les transports publics sont rapides et pas chers.

e. J'aime faire des promenades en forêt.

f. Il y a beaucoup de choses à faire pour les jeunes.

g. Mon quartier est assez dangereux.

h. Il n'y a pas beaucoup d'arbres et d'espaces verts.

i. Dans ma région il fait beau en été et froid en hiver.

j. J'habite dans un bâtiment assez ancien au centre-ville.

k. Je préfère vivre en ville car la vie à la campagne est trop calme.

l. J'habite au bord de la mer dans une petite maison blanche.

Foundation reading

1. **Read these comments from young people about their city.**

Marius
Mon quartier est assez agréable. Il y a un petit supermarché près de chez nous et mon collège n'est pas loin.

Samir
Les transports publics sont rapides et pas trop chers, alors je peux aller très facilement au travail.

Joëlle
À mon avis, il y a trop de pollution dans ma ville. Je voudrais vivre dans un village calme à la campagne.

Who says what? Put a cross in the correct column for each question.

Who says...	Marius	Samir	Joëlle
a. There is too much pollution.			
b. Their neighbourhood is pleasant.			
c. Public transport is cheap.			
d. They would like to live in the countryside.			
e. School is not far away.			
f. It is easy to get to work.			

2. **Read this online message from Frank.**

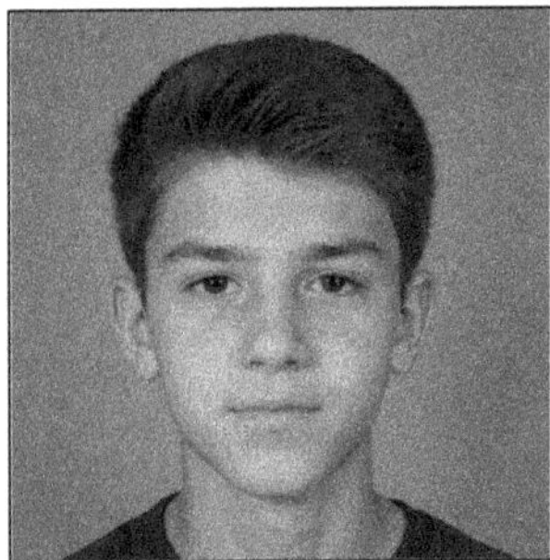

J'aime bien vivre dans un village tranquille à la campagne. Il est facile de connaître d'autres personnes. J'aime faire des promenades en forêt aves mes amis. Il y a moins de bruit qu'en ville et la nature est toujours proche. Mon frère préfère la grande ville. Il dit qu'il y a beaucoup plus d'activités culturelles. Je trouve les gens à la campagne sympathiques.

Complete the gap in each sentence using a word from the box below. There are more words than gaps.

forest	quiet	friendly	mountains
noise	pretty	pollution	happy

a. Frank's village is ....

b. He likes walking in the ....

c. He thinks that in the city there is more ....

d. He says people in the countryside are ....

Foundation reading

3. **Read what these people think about living in Brussels, the capital of Belgium.**

Sandrine
J'aime vivre ici. Je trouve que les gens vivent heureux ensemble. Par contre, il y a trop de pollution.

Mohamed
Ce que j'aime le plus, c'est toutes les activités culturelles qu'on peut faire. Je trouve ça super.

Jade.
À mon avis, les habitants ne sont pas très sympathiques. Il y a également des quartiers un peu dangereux.

Jean-Philippe
C'est une grande ville intéressante pour les touristes. Dans certains quartiers il y a trop de violence.

If the person has a positive opinion put P in the box. If they have a negative opinion put N in the box. If they express both a positive and negative opinion put P/N in the box.

Sandrine [ ]   Mohamed [ ]   Jade [ ]   Jean-Philippe [ ]

4. **Read this hotel advertisement.**

Petit hôtel traditionnel dans un vieux quartier de la ville, à 500m de la gare.

Dix-huit chambres et petit parking payant en face.

Petit déjeuner et dîner possibles.

Idéal pour les couples sans enfants. Chiens non acceptés.

Tick the three correct statements.

a. The hotel is in an old district.

b. It is 500m from the city centre.

c. You can park opposite the hotel.

d. Breakfast is available.

e. Dogs are allowed at the hotel.

f. The hotel would suit families with children.

Foundation reading

5. **Read what Oumou says about her village in Senegal, Africa. Then answer the questions in English.**

Il y a deux cents habitants dans mon village. Il y a souvent des fêtes. On peut chanter et danser souvent.

La plage est à trois kilomètres du village. Les hommes y vont à la pêche*. Le week-end les enfants aiment nager dans la mer.

Il y a une école pour les garçons et les filles.

* pêche = fishing

a. How many people live in her village? ....

b. What do people often do? Mention **two** points. ....

c. What do children like to do at the weekend? ....

d. What does Oumou say about the school? ....

6. **You see an advert for three places to visit in Saint Denis, the capital of La Réunion, a French island in the Indian Ocean. Answer the questions in English.**

- ✓ Visitez le musée d'histoire naturelle. Situé dans un beau jardin, la visite est gratuite. Le bâtiment est petit, mais très joli.
- ✓ Allez voir également la Rue de Paris avec ses vieilles maisons traditionnelles bleues et blanches.
- ✓ N'oubliez pas le parc de la Trinité. Il y a des jeux pour enfants avec des **jets d'eau**. Super quand il fait très chaud !

a. Where is the museum situated? ....

b. What does the advert say about the building? Mention **two** details.

(i) ....   (ii) ....

c. What can you see in the Rue de Paris? Mention **two** details.

(i) ....   (ii) ....

d. How would you translate **jets d'eau**? ....

7. **Read this short description of a town. Then circle the best option in each case.**

La ville est vieille et très belle. Il y a un jardin public et tout le monde adore le musée historique. Il n'y a pas de gare, mais il y a beaucoup d'autobus. C'est super pour faire les courses.

1. The town is...   a. modern   b. old   c. large

2. There is no...   b. train station   b. cathedral   c. town square

3. It's great for...   a. shopping   b. walking   c. sight-seeing

Higher vocabulary building

Vocabulary

l'arbre (m) : tree
allumer : to switch on
améliorer : to improve
l'arrêt (m) : stop
ancien(-enne) : old
autour (de) : around
la banlieue : suburb(s)
la campagne : countryside
chez : at (the place of)
conduire : to drive
construire : to build
la côte : coast
le/la citoyen(ne) : citizen
dehors : outside
derrière : behind
devant : in front of
l'endroit (m) : place
entre : between
l'état (m) : state
éteindre : to switch off
fabriquer : to manufacture
l'île (f) : island
joli(e) : pretty
le lieu (m) : place
louer : to rent
loin : far
le manque : lack
pauvre : poor
la pauvreté : poverty
le pays : country
le paysage : scenery
pire : worse
le pire : the worst
pleuvoir : to rain
près (de) : near
propre : clean
la rue : road, street
le quartier : neighbourhood
la richesse : wealth
la rivière : river
sale : dirty
le souci : concern, worry
sûr(e) : safe, sure
l'usine (f) : factory
le temps : weather
traverser : to cross
vendre : to sell
venir : to come
vivre : to live

1. Match up

arbre (1)	countryside
rivière	flower
île	scenery
campagne	tree (1)
paysage	place
rue	river
lieu	nearby
fleur	far
proche	coast
loin	far
île	street
côte	island

2. Correct the wrong translations

a. conduire : to throw

b. allumer : to switch on

c. éteindre : to switch off

d. fabriquer : to save

e. vendre : to cut

f. venir : to sell

g. construire : to build

h. améliorer : to like

i. vivre : to move

3. One of three – circle the right answers

dehors	*outside*	*inside*	*behind*
entre	*opposite*	*between*	*entry*
manque	*poor*	*island*	*lack*
pauvre	*rich*	*silly*	*poor*
paysage	*scenery*	*country*	*city*
pire	*nicer*	*worse*	*better*
pays	*country*	*money*	*tree*
arbre	*place*	*tree*	*flower*
chez	*near*	*far*	*at*
côte	*cute*	*coast*	*coat*
sale	*clean*	*nice*	*dirty*

4. Spot and translate the <u>verbs</u> on the list below

a. pire

b. derrière

c. éteindre

d. louer

e. arbre

f. propre

g. vivre

h. quartier

i. pleuvoir

5. Complete the translations

a. Le paysage est très beau : The _________ is very beautiful.

b. Ils vendent des produits locaux : They _________ local products.

c. Nous vivons près de la côte : We live near the _________ .

d. Mon quartier est propre : My neighbourhood is _________ .

e. Il pleut tout le temps : It _________ all the time.

f. C'est une ville assez calme : It is quite a _________ town.

g. Une rivière traverse la ville : A river _________ the town.

h. Le centre-ville est assez loin : The town centre is quite _________ .

i. Mon souci, c'est la pollution : My _________ is pollution.

j. Il y a trop de bruit ici : There is too much _________ here.

k. Ma région est assez pauvre : My region is quite _________ .

6. Match the opposites

pire	allumer
acheter	grand
éteindre	venir
froid	meilleur
petit	propre
aller	nouveau
sale	loin
ancien	vendre
proche	chaud

7. Circle the correct option

a. Je vis au *bâtiment/pire/bord* de la mer.

b. C'est un *appartement/lieu/usine* touristique.

c. Le *pire/paysage/boulot* est très beau.

d. Ce n'est pas *lieu/propre/loin* de Paris.

e. Mon *jeu/quartier/manque* est sûr et propre.

f. Il y a beaucoup d'espaces *rouges/bleus/verts*.

g. Il y a plein de *gens/fleurs/lieux* historiques.

h. Ils plantent des *arbres/voitures/îles*.

i. Le pire, c'est le *manque/bruit/chez*.

8. Missing letters

a. b_uit (noise)

b. arb_e (tree)

c. sa_e (dirty)

d. _sine (factory)

e. endroi_ (place)

f. ru_ (street)

g. rivi_re (river)

h. le pi_e (the worst)

i. man_ue (lack)

9. Unjumble the words and translate

a. illve :   ville   town, city

b. asel :   _______ _______

c. eru :   _______ _______

d. amcgnpae : _______ _______

e. umaller :   _______ _______

f. envrde :   _______ _______

g. etachre :   _______ _______

h. ulie =   _______ _______

10. Break the flow. Insert lines where there should be gaps

a. Lepiredansmavillec'estlebruitetletrafic.

b. Jevisàlacampagneassezloinducentre-ville.

c. Lesoirilsallumenttoutesleslumières.C'estbeau !

d. Mavilleesttraverséeparunerivière.

e. Ilyabeaucoupd'arbresetd'espacesverts.

f. Ilyaunfestivaldemusiqueassezcélèbre.

g. Ilyaaussibeaucoupdelieuxhistoriquesàvisiter.

h. Lepirec'estlestransportspublicsquinesontpasbonsdutout.

11. Complete with the correct verb from the ones in the grid

a. Je _______ à la campagne.

b. Le magasin _______ des produits locaux.

c. Ce n'_______ pas une ville riche.

d. Il _______ toujours chaud.

e. Il y _______ du soleil tous les jours en été.

f. On _______ sortir en bateau.

g. On _______ beaucoup de bâtiments.

h. Il _______ améliorer les transports publics.

i. Il y a beaucoup de lieux à _______.

j. On peut _______ des promenades à la montagne.

k. Trop de gens _______ la voiture.

l. Moi, je ne _______ pas.

faut	est	construit	vis
a	fait	peut	vend
voir	conduis	utilisent	faire

12. Translate into English (on separate paper)

a. J'aime vivre ici car les gens sont gentils et sympas.

b. J'habite à York depuis quelques années.

c. On doit améliorer les transports publics.

d. Dans notre région il y a plein d'endroits historiques.

e. Il y a trop de gens pauvres et de sans-abri.

f. Après être allés au ciné, on a mangé au restaurant.

g. J'ai décidé d'aller passer la journée à la plage.

h. Je vivais à Londres, mais maintenant je vis à Leeds.

i. Pour protéger l'environnement, on doit tout recycler.

j. J'espère vivre à la campagne à l'avenir.

k. La campagne est plus tranquille et sûre que la ville.

l. Ce que j'aime, c'est qu'il y a beaucoup de choses à faire pour les jeunes.

m. J'aimerais vivre à l'étranger pendant un an ou deux.

n. J'avoue qu'il y a trop de pollution et de bruit.

Higher reading

1. **Read about the small town of Saint Pierre on the French island of Martinique. Then answer the questions in English.**

Saint Pierre se situe vers le nord-ouest de l'île au pied de la montagne Pelée, un volcan*. C'est l'ancienne ville principale de la Martinique. Ce n'est pas une ville riche, mais les touristes aiment la visiter. Il y a une jolie cathédrale au centre-ville et un vieux marché qui vend des produits locaux, par exemple des bananes et des légumes. Il y fait toujours chaud, même le soir, mais il pleut de temps en temps et il y a toujours un peu de vent.

On peut sortir en bateau et faire des promenades dans les montagnes. J'aime vivre à Saint Pierre, mais j'avoue que c'est très calme, sauf quand il y a le festival de musique et de danse. Cela s'appelle le festival Filao.

* volcan = volcano

   a. Where exactly is Saint Pierre? Mention **two** details.

....

   b. Mention **two** places tourists can visit in the town centre.

....

   c. How is the climate described? Mention **three** points.

....

   d. Is the town always quiet? Explain.

....

2. **Read about an event in Surgères, a small town in the west of France.**

Comme chaque année, la ville invite tous les habitants à venir au centre-ville pour faire la connaissance de toutes les associations locales. Si vous aimez le sport, la musique ou la danse il y aura quelque chose d'intéressant pour vous.

Vous pouvez également apprendre le travail des associations si vous souhaitez être bénévole, par exemple à la bibliothèque ou auprès de personnes âgées, ou si vous voulez aider les sans-abri. Des activités gratuites sont proposées pour les enfants pendant toute la journée : jeux, chansons, dessin ...

Circle the best answer in each case.

a.	This event takes place...	a. twice a year	b. once a year	c. throughout the year
b.	You get to know about...	a. job opportunities	b. concerts	c. clubs and charities
c.	It will interest those who want to...	a. volunteer	b. work	c. visit the town centre
d.	You might want to help	a. the unemployed	b. the homeless	c. disabled people

Higher reading

3.   Read this message from Farah, a young French woman.

J'ai de la chance ! La vie ici à Sarcelles au nord de Paris me plaît beaucoup, car je ne suis pas loin du centre de la capitale et les transports publics sont rapides. Il y a cinq ans je vivais à Toulouse dans le sud-ouest de la France, mais je suis venue à Sarcelles pour un nouvel emploi. On vient d'acheter il y a une semaine un petit appartement ici. Mon mari, lui, a trouvé un nouveau boulot à Rennes, donc on va changer de ville une autre fois ! Enfin, ça m'est égal parce que j'aime bouger, changer de travail et découvrir de nouvelles régions.

What does the article say about these events? In each box, write P for something that happened in the past, N for something that is happening now, F for something that will happen in the future.

a. Living in Rennes ☐   c. Living in Sarcelles ☐

b. Living in Toulouse ☐   d. Buying a flat ☐

4.   Read what Marc says about environmental issues in a region of France.

Dans notre région du nord de la France, les problèmes de l'environnement sont de plus en plus graves. La production de l'énergie est plus propre, mais la pollution de l'air causée par les véhicules et les usines continue à affecter la santé de nos habitants.

En plus, il y a trop de déchets plastiques dans nos rivières et nos forêts, mettant en danger les espèces animales.

Face à ces défis, il est important d'agir maintenant. Nous devons utiliser moins de plastique et créer de nouvelles forêts. En travaillant ensemble, nous pouvons protéger l'environnement de notre région.

In English, write relevant information from the article.

a.   Energy production.

....

b.   A cause of health problems.

....

c.   A threat to animal species.

....

d.   What should be done now. Mention **two** points.

....

Higher reading

5. Read this article about transport in La Rochelle, in the west of France. Answer the questions in English.

La ville de La Rochelle est depuis longtemps reconnue pour son respect de l'environnement en ce qui concerne ses transports publics. Les habitants et les visiteurs peuvent voyager facilement grâce aux vélos qu'on peut louer, aux bus, y compris les lignes rapides. Il y a des services de nuit et du dimanche. On peut partager sa voiture et louer des voitures électriques. On peut même utiliser des bus de mer pour traverser le vieux port. Pour les quartiers avec moins d'habitants, il y a le Transport à la Demande (TAD) qui permet aux habitants de réserver des places dans un minibus. En 2024, la ville a présenté de nouveaux bus électriques.

a.   What is la Rochelle known for? ....

b.   What is said about bus services? ....

c.   Why is the old port mentioned? ....

d.   What is TAD? ....

e.   Where is TAD used? ....

6. Read what Alexis says about his local area. Then circle the best option in each case.

J'aime profiter de toutes les possibilités diverses offertes par ma ville. La semaine dernière, avant d'aller au cinéma au centre de la ville, mes amis et moi sommes allés à un nouveau restaurant espagnol en face de la gare. Le dimanche, la ville est tranquille, alors j'ai fait une promenade avec ma copine dans un joli jardin public où il y a un petit lac. On peut y faire du bateau. La vie culturelle m'intéresse, alors lundi dernier j'ai décidé d'aller à un concert au théâtre de la ville. Ce théâtre a été construit il y a 50 ans, et il y a un spectacle pour adultes ou enfants presque tous les soirs. Il faut réserver à l'avance, car les spectacles sont souvent complets.

1.   Alexis went to the cinema...   a. last week   b. last weekend   c. on Sunday

2.   The restaurant is...   a. in the town centre   b. in a park   c. opposite the station

3.   Alexis walked...   a. in the town centre   b. in the park   c. by the river

4.   The theatre has shows...   a. almost every night   b. just on Mondays   c. just for adults

5.   What advice is given in the last sentence and why?

....

Grammar focus – using two verbs together

Putting two verbs together

Look at the sentences below. The verbs are separated by a line.

Je **déteste** / **aller** en France.	I **hate** / **going** to France.
Je **vais** / **aller en** France.	I **am going** / **to go** to France.
J'**aime** / **aller** en France.	I **like** / **to go** (or **going**) to France.

In each sentence there are **two verbs**. In the French examples the second verb is in the **infinitive**. In English we often use the infinitive too – think of 'I would like **to go**'. But in English, what follows the first verb (called the **main** verb), varies – I like **going**/ I want **to go**/ I must **go.**

> **THE GOLDEN RULE IN FRENCH IS: TWO VERBS TOGETHER – SECOND ONE INFINITIVE**

Modal verbs – *pouvoir, devoir, vouloir*

These are useful verbs that are **always followed by an infinitive**.

Pouvoir (**can/to be able to**)

- *Je **peux** visiter un château.* (I **can** visit a castle.)
- *Je **pouvais/j'ai pu** visiter un château.* (I **was able** to visit a castle.)
- *Je **pourrais** visiter un château.* (I **would be able to/might/could** visit a castle.)

Devoir (**to have to/must**) or in the conditional **ought to/should**

- *Elle **doit** prendre le train.* (She **has to/must** take the train.)
- *Elle **devait/a dû** prendre le train.* (She **had to** take the train.)
- *Elle **devrait** prendre le train.* (She **ought to/should** take the train.)

Vouloir (**to want**)

- *Je **veux** vivre à La Rochelle.* (I **want** to live in La Rochelle.)
- *Je **voulais/ai voulu** vivre à La Rochelle.* (I **wanted** to live in La Rochelle.)
- *Je **voudrais** vivre à La Rochelle.* (I **would like** to live in La Rochelle.)

Complications!

Sometimes the two verbs need to be linked with the word *à* or **de**. Look at the two examples below.

*J'ai commencé **à** recycler des déchets.*	I started to recycle waste.
*J'ai décidé **de** visiter le musée.*	I decided to visit the museum.

Common verbs followed by *à* + infinitive		Common verbs followed by *de* + infinitive	
continuer (to continue)	apprendre (to learn)	essayer (to try)	éviter (to avoid)
commencer (to start)	hésiter (to hesitate)	décider (to decide)	finir (to finish)
réussir (to succeed)	se mettre (to start)	refuser (to refuse)	arrêter (to stop)
aider (to help)	penser (to think about)	venir (in 'have just')	oublier (to forget)

1. Match up

pouvoir	to wish
vouloir	to hope
devoir	to be able to (can)
détester	to like
souhaiter	to want
préférer	to know (how to)
aimer	to have to (must)
espérer	to hate
savoir	to prefer

2. Insert the correct verb

a. Je _________ visiter un château (*can*).

b. Je _______ aller en ville (*must*).

c. Je ______ conduire une voiture (*know how to*).

d. J'_______ vivre à Bruxelles (*like*).

e. Ma mère _________ visiter Paris. *(wants).*

f. Mon frère __________ vivre à l'étranger (*hopes*).

g. Je _________ vivre à la campagne (*prefer*).

h. Nous _________ protéger l'environnement (*like*).

i. Je _________ vivre dans une grande ville (*hate*).

3. Complete the translation

a. Je veux _________ à Lyon. (I want to live in Lyon.)

b. J'adore _________ des châteaux. (I love to see castles.)

c. J'espère _________ à la plage. (I hope to go to the beach.)

d. Elle va _________ en bus. (She's going to travel by bus.)

e. On peut _______ des musées. (You can visit museums.)

f. Je préfère _______ le train. (I prefer to take the train.)

g. Il ______ aller au cinéma. (He likes to go to the cinema.)

4. Translate into English

a. I like to go : _____________

b. I hope to live : _____________

c. I want to travel : _____________

d. I wish to stay : _____________

e. She must be : _____________

f. We can visit : _____________

g. You like to have : _____________

7. Arrange the words in each sentence in the correct order

a. des matin Je dois courses faire demain. (I must go shopping tomorrow morning.)

b. bateau On avec sur amis peut rivière faire des du la. (You can go boating on the river with friends.)

c. vais restaurant Je italien soir manger au ce. (I'm going to eat at the Italian restaurant this evening.)

d. à vivre On l'avenir à voudrait l'étranger. (We would like to live abroad in the future.)

e. beaucoup J'espère ici visiter de monuments. (I hope to visit lots of sights here.)

6. Tangled translation (write in the French)

a. Elle *likes to go* en ville *with her* amies.

b. Je *want* visiter un *castle* à la *countryside*.

c. Il *knows how to* conduire une *car*.

d. Je *must recycle* plus de *waste*.

e. Mon frère *wishes to live* dans la *capital*

f. Nous *hate* voir la pollution en *town*.

g. Tu *prefer* vivre *in town* ou *in the* campagne ?

7. Circle and correct the mistakes, including accents

a. Je veut aller vivre dans France.

b. Ils veut mange au resteraunt au centre-ville.

c. Tu déteste visiter des musees ?

d. Je préféré prendre les transport public.

e. Je n'aimes pas faire des cours en ville.

f. Nous adorez visite la capitale.

g. Mes amis va aller au theatre samedi prochaine.

8. In each sentence insert *à, de/d'* or nothing after the first verb

a. J'essaie __ manger à tous les restaurants.

b. Je commence __ aimer cette ville.

c. J'aime __ visiter le château et les musées.

d. Ma mère apprend __ nager à la piscine.

e. J'ai décidé __ prendre le train.

f. Je ne veux pas __ quitter ma région.

g. Elle refuse __ voyager en avion.

h. Je viens __ acheter une maison à Montréal.

i. Nous aidons __ recycler des déchets.

j. J'espère __ vivre à l'étranger un jour.

k. J'ai oublié __ acheter un billet.

9. Tick the grammatically correct phrases and, if they are wrong, correct them

English	Francais	√/x
I try to help	*j'essaie d'aider*	
I decided to be	*j'ai décidé à être*	
I began to see	*j'ai commencé de voir*	
I forgot to go	*j'ai oublié d'aller*	
I learned to speak	*j'ai appris parler*	
I managed to buy	*j'ai réussi d'acheter*	
I continue to think	*je continue à penser*	
I've just bought	*je viens acheter*	
I stopped going	*j'ai arrêté d'aller*	

10. Different tenses – translate into English

a. Je devrais vivre : _______________

b. Je pourrais acheter : _______________

c. Je voudrais aller : _______________

d. J'ai pu vivre : _______________

e. J'ai dû partir : _______________

f. Je finirais de faire : _______________

g. J'essaierai d'aller : _______________

h. Je voulais visiter : _______________

11. Translate into French

a. I'll try to visit : _______________

b. I'd like to buy : _______________

c. He should stay : _______________

d. You could leave : _______________

e. We had to live : _______________

f. I wanted to go : _______________

g. I began to like : _______________

h. I decided to go : _______________

12. Translate into French

a. I would like to visit Bordeaux this summer, but I must buy a house in Paris.

____

b. My brother wishes to live in a flat in Lyon, but he would have to travel to work by car.

____

c. When I decided to visit the old castle in the country, my friend refused to accompany me.

____

d. I have just begun to appreciate all the activities in this beautiful city.

____

e. By working together, we can try to protect the environment of our planet.

____

g. You could live in the capital if you wanted to enjoy all the possible activities.

____

Preparing for speaking and writing

1. Re-arrange the words in each sentence in the correct order

a. dans Je vis une ville au jolie bord de la mer. (I live in a pretty town by the sea.)

b. J' en habite vieux la ville dehors dans de un quartier. (I live in an old neighbourhood outside the town.)

c. les transports Le pire, c'est publics. (The worst thing is public transport.)

d. Dans a le magasins il y beaucoup centre-ville de. (In the town centre there are a lot of shops.)

e. depuis On dix vit ans ici. (We have been living here for ten years.)

f. J'aime mais de chômage ma il beaucoup y a de pauvreté ville et. (I like my town but there is a lot of poverty and unemployment.)

g. Mon c'est de souci l' principal, air la pollution. (My main concern is air pollution.)

h. vie est Je vis à la parce plus tranquille campagne que la. (I live in the countryside because life is quieter.)

2. Gapped translation

a. dans la p__________ (in the rubbish bin)

b. je recycle les d_________ (I recycle the rubbish)

c. c'est l_______ de Paris (it is far from Paris)

d. je v_______ dans le sud (I live in the south)

e. il y a du c________- (there's unemployment)

f. mon s______ principal (my main worry)

g. la vie à la c_________ (life in the countryside)

h. il y a moins de b________(there is less noise)

3. Tangled translation – write in the French

a. Je *live* à Londres *for* quinze ans.

b. J'adore le *climate* de cette *region.*

c. La pollution *is a problem serious.*

d. Mon *neighbourhood* est assez *dangerous.*

e. Le *worst thing*, c'est *the crime.*

f. Mon père *has found* un boulot *here.*

g. Dans ma *street*, il n'y a pas de *shops.*

h. Dans ma *house*, il y a six *rooms.*

4. Translate into French

a. here : i_ _

b. countryside : l_ c_ _ _ _ _ _ _

c. noise : l_ b_ _ _ _

d. people : l_ _ g_ _ _

e. house : l_ m_ _ _ _ _

f. waste : l_ _ d_ _ _ _ _ _

g. building : l_ b_ _ _ _ _ _ _

h. street : l_ r_ _

i. quiet : t_ _ _ _ _ _ _ _ _

j. pretty : j_ _ _

k. factories : l_ _ u_ _ _ _ _

l. unemployment : l_ c _ _ _ _ _ _

5. Complete

a. J'habite d_ _ _ une petite ville e_ Angleterre.

b. Près d_ chez moi il y _ des magasins et une école.

c. Il y a beaucoup _ _ choses _ faire ici.

d. J'aime vivre i_ _ parce que les gens s_ _ _ sympas.

e. Il y _ cinq cents habitants dans m_ _ village.

f. J'aime aller a_ cinéma a_ _ _ mes amis.

g. Mon quartier e_ _ très agréable e_ propre.

h. Il y _ trop d_ pollution dans m_ région.

i. Le week-end dernier je s_ _ _ allé(e) _ la plage.

j. Samedi prochain je v_ _ _ visiter u_ château.

k. Dimanche dernier j'a_ recyclé l_ _ déchets.

l. Il _ a tro _ de chô _ _ _ _ da _ _ ma vi _ _ _.

5. Add the missing accents

a. Ma region est belle.

b. Je recycle les dechets.

c. Je suis alle au cinema.

d. Je vis a York depuis dix ans.

e. Mon pere travaille au centre-ville.

f. Je prefere vivre a la campagne.

g. La ville est traversee par une riviere.

h. Le marche vend des produits locaux.

6. Spot and insert the missing words

a. Je à Paris depuis dix ans.

b. Dans ma maison il y deux salles de bains.

c. Mon souci principal la pollution.

d. Le paysage autour la ville est très beau.

e. Ma ville est assez jolie mais il y a beaucoup pauvreté.

f. Je recycle jamais les déchets.

g. Dans ma rue il n'y a de magasins.

h. J'habite assez loin centre-ville.

7. Complete with the missing vowels

a. D_ns m_ v_ll_ _l y a b_ _ _ c_ _p d_ l_ _ _s h_st_r_qu _ s. (*In my town there are lots of historic places.*)

b. J_ v_s d_ns _n_ gr_nd_ v_ll_ _nd_str_ _ll_. (I live in a big industrial town.)

c. N_ _ s v_v_ns _c_ d_p_ _s c_nq _ns. (We have been living here for five years.)

d. L_ p_ll_t_ _n _st _n pr_bl_m_ gr_v_ _c_. (Pollution is a serious problem here.)

e. M_ m_r_ tr_v_ _ll_ d_ns l_ c_ntr_-v_ll_. (My mother works in the town centre.)

f. J_ pr_f_r_ v_vr_ _ l_ c_mp_gn_. (I prefer living in the countryside.)

g. M_n q_ _rt_ _r _st tr_s _gr_ _bl_ e_ propre. (My neighbourhood is very pleasant and clean.)

8. Translate into French

a. factories __________   e. pretty __________   i. polluted __________

b. buildings __________   f. dangerous __________   j. poverty __________

c. waste __________   g. streets __________   k. unemployment __________

d. countryside __________   h. houses __________   l. there are __________

9. Complete with a suitable word

a. Je ________ à la campagne.

b. Dans mon _______ il y a beaucoup de magasins.

c. Ma ________ est assez propre.

d. Il y a beaucoup de ___________ historiques.

e. J'habite dans un petit _____________.

f. Autour de ma ville le paysage est ___________.

g. Les __________ publics ne sont pas bons.

h. Il y a beaucoup de _________ à faire.

i. Je recycle toujours les _____________.

j. Je vis dans un joli village à la _____________.

10. Translate into English (on separate paper)

a. I have lived in Manchester for ten years.

b. I live in an old neighbourhood outside the town.

c. On my street there are only two shops.

d. In my town there are few green spaces.

e. There is too much noise and pollution.

f. Too many people drive a car.

g. I would like to live in the countryside.

h. There, life is calmer and there is less crime.

i. The worst thing is that my city is not safe.

j. One day I would like to live abroad, in France.

k. I hope to live in a big city in Italy.

Writing and speaking from a photo card

Write something about both of these photos. Write about who you see, where they are and what they are doing. Read out your description.

....

....

....

Answer the following questions related to this topic. Read out your answers.

1. Décris la ville ou le village où tu habites.

....

....

2. Qu'est-ce que tu fais pour protéger l'environnement local ?

....

....

3. Tu préfères la ville ou la campagne ? Pourquoi ?

....

....

....

4. Qu'est-ce que tu **as fait** récemment dans ta région ?

....

5. Qu'est-ce que tu **vas faire** le week-end prochain ?

....

Speaking in a role-play

Look at the instructions on the left as they would appear in a speaking test. Read aloud with a partner the dialogue on the right. Then do the dialogue a second time, changing the answers or questions in bold. Take turns playing the two roles.

Foundation (Where you see …, your partner makes up a short answer as if they were an examiner.)

<table>
<tr><td>

1. Mention **one** thing about where you live.
2. Say **one** thing you like to do in your town/village.
3. Ask your friend a question about where they live.
4. Describe your region. (Give **one** detail.)
5. Say what you do to protect the environment in your area. (Give **one** detail.)

</td><td>

1. Où habites-tu ?
   J'habite à Londres.
2. Qu'est-ce que tu aimes faire dans ta ville ou ton village ?
   (J'aime) aller au cinéma.
3. **Où habites-tu ?**
   …
4. Parle-moi de ta région.
   Il y a des châteaux.
5. Qu'est-ce que tu fais pour l'environnement dans ton quartier ?
   Je recycle des bouteilles.

</td></tr>
</table>

✂ ···

Higher (Where you see …, your partner makes up a short answer as if they were an examiner.)

<table>
<tr><td>

1. Say what people can do in your area. (Give **two** details.)
2. Say if you like living in your area. (Give **one** opinion and **one** reason.)
3. Ask your friend a **question** about where they live.
4. Describe an environmental problem in your area. Give **one** detail.
5. Say what you did to protect the environment recently. (Give **two** details.)

</td><td>

1. Qu'est-ce qu'on peut faire dans ta région ?
   On peut faire des randonnées et visiter des châteaux.
2. Qu'est-ce que tu penses de ta région ?
   J'aime vivre ici parce que les habitants sont sympas.
3. **Tu aimes vivre ici?**
   …
4. Il y a des problèmes d'environnement dans ta région ?
   Oui, il y a trop de pollution dans les rivières.
5. Qu'est-ce que tu as fait pour l'environnement récemment ?
   J'ai recyclé du verre et j'ai fait du vélo.

</td></tr>
</table>

Foundation writing

Describe the photo. Write four short sentences in French.

1. ....

2. ....

3. ....

4. ....

Foundation/Higher writing

Write to your friend about where you live. You must include the following points:
• Things for young people to do in your area • Your opinion of the area with a reason • What you have done recently in your area • Something you will do in the future in your area. Write about 90 words.

....

....

....

....

....

....

....

....

....

Higher writing

1. **On separate paper, write about your city or region for an online magazine. You must include the following points:** • Advantages and disadvantages of living where you do • An environmental issue in your local area or region • What you have done recently in your area • What you intend to do in the future. Write your answer in French. You should aim to write between 130 and 150 words.

2. **On separate paper, translate the paragraph below.**

   There are many things to do in my region. But there is too much pollution in the local rivers. Last week my friends and I went to the cinema in the city centre. Next Sunday I hope to visit a castle in the countryside with my parents. I like to live here, because the people are friendly and kind.

Foundation sentence bank

J'habite dans une petite ville en Angleterre.	I live in a small town in England.
Près de chez moi il y a des magasins et une école.	Near my home there are some shops and a school.
Il y a beaucoup de choses à faire ici.	There are lots of things to do here.
J'aime vivre ici parce que les gens sont sympas.	I like living here because the people are friendly.
Il y a cinq cents habitants dans mon village.	There are five hundred people in my village.
J'aime aller au cinéma avec mes amis.	I like to go to the cinema with my friends.
Mon quartier est très agréable et propre.	My area is very pleasant and clean.
Il y a trop de pollution dans ma région.	There is too much pollution in my region.
J'**essaie de** protéger l'environnement.	I **try** to protect the environment.
Les transports publics sont rapides.	Public transport is fast.
Le week-end dernier je **suis allé(e)** à la plage.	Last weekend I **went** to the beach.
À mon avis, la ville est intéressante.	In my opinion the town is interesting.
Samedi prochain je **vais visiter** un château.	Next Saturday I **am going to visit** a castle.
Dimanche dernier j'**ai recyclé** des déchets.	Last Sunday I **recycled** some waste.

✂···

Higher sentence bank

J'aime vivre ici car les gens sont sympas.	I like living here because people are friendly.
J'**habite** à York **depuis** deux ans.	I **have lived** in York **for** two years.
On peut voyager en bus, en métro ou en train.	You can travel by bus, metro or train.
Notre région est touristique et historique.	Our region is touristy and historical.
Il y a trop de gens pauvres et de sans-abri.	There are too many poor and homeless people.
Après être allé(e) au ciné, j'ai mangé au restaurant.	After going to the cinema, I ate at the restaurant.
J'**ai décidé d'**aller à la plage avec mes amis.	I **decided** to go to the beach with my friends.
Je **vivais** à Londres, mais maintenant je vis à Leeds.	I **used to live** in London but now I live in Leeds.
Pour protéger l'environnement, on recycle tout.	**To protect** the environment, we recycle everything.
J'**espère vivre** à la campagne à l'avenir.	I **hope to live** in the countryside in the future.
La campagne est **plus** tranquille **que** la ville.	The countryside is **quieter than** the city.
Ce que j'aime, c'est toutes les activités possibles.	**What** I like is all the possible activities.
J'**aimerais** vivre à l'étranger un jour.	I **would like** to live abroad one day.
J'**avoue qu'**il y a trop de pollution et de bruit.	I **admit that** there is too much pollution and noise.

UNIT 3

School and future plans

Contents

- Foundation vocab building
- Foundation reading
- Higher vocab building
- Higher reading
- Grammar focus – contrasting present and past
- Preparing for speaking and writing
- Writing and speaking from a photo card
- Speaking in a role play
- Writing
- Sentence banks

Foundation vocab building

Vocabulary
l'activité (f) : activity
apprendre : to learn
l'avenir (m) : future
le bâtiment : building
le boulot (m) : job
le but : goal, aim
la carrière : career
le choix : choice
le chômage : unemployment
la compétence : skill
la cour : playground, yard
le cours : lesson
le défi : challenge
devenir : to become
les devoirs (m) : homework
difficile : difficult
dur(e) : hard
l'école (f) : school
égal(e) : equal
ennuyeux /ennuyeuse : boring
enseigner : to teach
l'entreprise (f) : company
l'équipe (f) : team
espérer : to hope
étudier : to study
expliquer : to explain
facile : easy
faible : weak
fort(e) : strong, good (at)
indépendant(e) : independent
interdit : forbidden, banned
intéressant(e) : interesting
inutile : useless
jeune (m) : young, young person
juste : fair, correct
la matière : subject
le métier : job, profession
nul/nulle : rubbish, hopeless
paresseux/paresseuse : lazy
passionnant(e) : exciting
pratique : practical
le/la professeur(e) : teacher
réussir (à) : to pass, succeed
le rêve : dream
strict(e) : strict
sympa(thique) : friendly
le travail : job, work
l'université (f) : university
l'usine (f) : factory
utile : useful

1. Match up

matière	choice
avenir	school
cours	subject
choix	goal
école	money
but	job
carrière	future
argent	salary
emploi	lesson
salaire	career

2. Unscramble and translate

a. tub : but goal

b. rgeatn : ________ ________

c. melpio : ________ ________

d. tuéride : ________ ________

e. enavir : ________ ________

f. edrsvoi : ________ ________

g. nnuxeyue : ________ ________

h. rchecher : ________ ________

i. ienulti : ________ ________

j. peuxrliqe : ________ ________

3. Gapped translation

a. Je cherche un emploi : I am looking for a __________.

b. Je fais des fautes : I make __________.

c. Je suis faible en maths : I am __________ at maths.

d. C'est ma matière préférée : It is my favourite __________.

e. Je suis en seconde : I am in Year __________.

f. L'école est ennuyeuse : School is __________.

g. L'avenir me fait peur : The __________ scares me.

h. Les sciences, c'est dur : Science is __________.

i. La journée scolaire est longue : The __________ day is long.

j. Les téléphones sont interdits : Phones are __________.

4. Spot and correct any wrong English translations

a. Chercher un emploi : *To look for a class.*

b. Faire une faute : *To make a plan.*

c. Apprendre un métier : *To learn a skill.*

d. La journée scolaire : *The journey to school.*

e. Je suis faible en maths : *I am good at maths.*

f. J'ai de bonnes notes : *I have good grades.*

g. Mon rêve, c'est de voyager : *My dream is to study.*

h. La physique, c'est passionnant : *Physics is exciting.*

i. Je veux devenir scientifique : *I want to be a postman.*

j. L'avenir me fait peur : *The future scares me.*

5. Positive (P) or negative (N) opinion?

a. Les maths, c'est dur.

b. L'anglais, c'est passionnant.

c. C'est affreux, l'école.

d. Marc est très paresseux.

e. Ma tante est riche et contente.

f. Monsieur Smith est nul !

g. La musique, c'est inutile.

h. Mon frère est très capable.

6. Phrase puzzle

a. cours préféré c'est mon   *My favourite subject is*

b. devenir je policier veux   _______________________

c. un je emploi cherche   _______________________

d. d' mes projets avenir   _______________________

e. inutile je ça trouve   _______________________

f. une c'est matière dure   _______________________

g. je en seconde suis   _______________________

h. serai je première en   _______________________

7. Complete the words and translate them

a. du_ :   ___________

b. appren_ _ _ : ___________

c. empl_ _ :   ___________

d. cherc_ _ _ :   ___________

e. ennuy_ _ _ :   ___________

f. uti_ _ :   ___________

g. faci_ _ :   ___________

h. quatriè_ _ :   ___________

i. termina_ _ :   ___________

j. nu_ :   ___________

k. passionn_ _ _ :_ ___________

l. aven_ _ :   ___________

m. proj_ _ :   ___________

n. trav_ _ _ :   ___________

8. Tick all the words which refer to money

a. matière

b. riche

c. pauvre

d. fort

e. faible

f. salaire

g. dur

h. argent

i. cours

j. banque

k. apprentissage

l. terminale

9. Complete with the options provided

a. Je _________ un emploi.

b. Les maths, c'est une _________ difficile.

c. À l'avenir, je serai _________.

d. L'année prochaine, je serai en ___________.

e. Après mes 'A-Levels' je ferai un ___________.

f. Je fais toujours mes ____________.

g. Je n'aime pas trop l'école. C'est ___________.

h. Je suis assez _________ en maths.

devoirs	faible	apprentissage	riche
matière	première	ennuyeux	cherche

10. Translate into English (on separate paper)

a. L'année prochaine je serai en première.

b. Je cherche un emploi dans un bureau.

c. Mon rêve, c'est de voyager autour du monde.

d. Je voudrais faire un travail bien payé.

e. Je choisirai une carrière dans l'industrie.

f. Je vais quitter l'école après mes GCSEs.

g. Mon avenir me fait peur.

h. Je déteste les sciences car c'est dur.

i. En première, je veux étudier une langue.

j. Je ne suis pas fort en langues.

11. Translate into English (on separate paper)

a. Je vais à l'école à pied.

b. Je pense qu'il y a trop de devoirs chaque soir.

c. Le week-end dernier j'ai joué au rugby pour l'école.

d. Je ne veux pas aller à l'université.

e. Il y a 800 élèves dans mon école.

f. Les cours commencent à neuf heures.

g. Je suis allée au théâtre avec ma classe.

h. À l'avenir je voudrais devenir avocat(e).

i. L'uniforme scolaire est pratique.

j. J'ai cinq cours par jour.

Foundation reading

1.   **Read these comments from young people about school.**

Frank
Je vais à l'école à pied. J'aime les maths, mais je n'aime pas l'histoire parce que c'est nul.

Leila
Je pense qu'il y a trop de devoirs, mais je m'entends bien avec les profs. Ils sont gentils.

Jade
À mon avis, il y a trop de cours chaque jour, mais j'aime être avec mes copines.

Who says what? Put a cross in the correct column for each question.

Who says...	Frank	Leila	Jade
a. There is too much homework.			
b. They like being with their friends.			
c. They get on well with the teachers.			
d. There are too many lessons.			
e. They walk to school.			
f. They do not like history.			

2.   **Read this online message from Frank.**

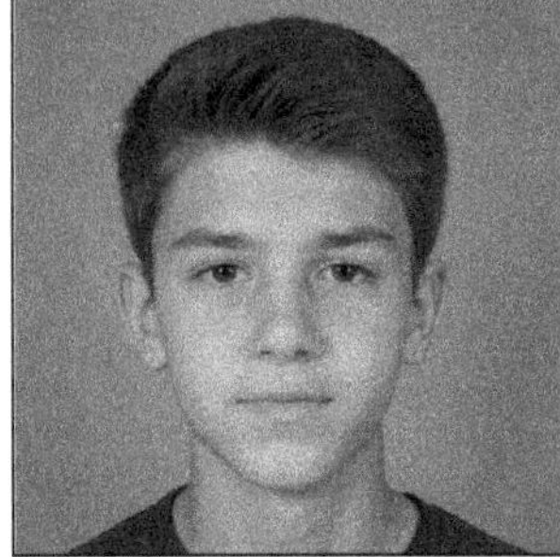

Je vais au collège à Bordeaux. J'aime bien les cours, mais pas les devoirs. Nous avons sept cours par jour et les cours se terminent à 17 heures. À la récré je parle avec mes copains dans la cour. À la pause déjeuner je mange avec les autres élèves. Je trouve que les repas ne sont pas bons. J'adore le sport à l'école car le prof n'est pas très strict. Il est sympa.

Complete the gap in each sentence using a word from the box below. There are more words than gaps.

---

school hall   homework   friendly
lessons   strict   playground

---

a.   Frank does not like ………………..

b.   At break he talks with his friends in the ………………..

c.   Frank's PE teacher is ………………..

Foundation reading

3. **Read what these people say about their education.**

> **Sandrine**
> Les profs font bien leur travail et les cours sont intéressants. Je trouve que les cours sont trop longs et qu'on nous donne trop de devoirs.
>
> **Mathieu**
> Je m'entends très bien avec les profs et mes copains. Les cours m'intéressent et j'ai toujours de bonnes notes.
>
> **Fatiha**
> À mon avis, les profs sont trop stricts et la journée est trop longue pour moi. Je voudrais changer de collège.
>
> **Jean-Paul**
> Le travail scolaire m'intéresse, surtout les langues. J'aime beaucoup moins toutes les règles sur les vêtements et les cheveux.

If the person has a positive opinion put P in the box. If they have a negative opinion put N in the box. If they express both a positive and negative opinion put P/N in the box.

Sandrine ☐   Mathieu ☐   Fatiha ☐   Jean-Paul ☐

4. **Read what Magali says about one of her teachers.**

La professeure s'appelle Madame Gaufreteau. Elle est prof d'histoire-géo. Elle est assez petite aux cheveux bruns et courts. Elle est assez stricte, mais elle est gentille aussi, et je m'entends bien avec elle. Elle explique toujours bien la matière.

Je comprends bien ses cours et elle ne donne pas trop de devoirs. Quelquefois elle nous parle de sa vie personnelle. Cela m'intéresse. Je pense que c'est bien quand on connaît mieux ses profs.

Tick the three correct statements.

a. Magali's favourite teacher teaches history and geography.

b. The teacher is short with long brown hair.

c. The teacher is quite strict but kind.

d. The teacher does not always explain things well.

e. The teacher gives too much homework.

f. Magali likes knowing more about the teacher's personal life.

Foundation reading

5. Some young people are talking about their future plans. Then answer the questions.

> **Leah**
> À l'avenir je voudrais aller à l'université pour étudier les langues. J'adore voyager et rencontrer d'autres personnes.
>
> **Yasmine**
> Un jour je voudrais travailler comme auteure. Au collège j'aime beaucoup lire et écrire des histoires.
>
> **Georges**
> Mon rêve est de devenir médecin. Je sais que c'est difficile, mais ma mère m'encourage beaucoup et je vais travailler dur.
>
> **Marco**
> Je ne suis pas fort en maths, mais je suis travailleur. Alors, à l'avenir j'espère faire de l'informatique et créer des jeux vidéo.

a. What subject would Leah like to study at university? ....

b. What does she enjoy? Mention **two** points. (i)..
    (ii)..

c. What does Yasmine like doing? Mention **two** points. (i)..
    (ii)..

d. What will Georges do to achieve his career goal? ....

e. What does Marco want to do? Mention **two** points. (i)..
    (ii)..

6. Daniel writes a message to his French friend.

> Au collège, je porte un uniforme. C'est pratique, mais pas très confortable. Il a coûté assez cher. Avant, je n'aimais pas les visites scolaires, mais maintenant, je les trouve intéressantes. L'année dernière, nous avons visité un château et c'était ennuyeux, mais hier nous sommes allés au théâtre et c'était génial. Dans deux semaines, on va aller à Londres pour visiter le musée des sciences.

Complete each sentence using a word from the box below. There are more words than gaps.

> | | | | |
> |---|---|---|---|
> | history | uncomfortable | boring | months |
> | great | weeks | inexpensive | school trips |

a. Daniel's uniform is ....

b. In the past he did not enjoy ....

c. The visit to the castle was ....

d. He will visit London in two ....

Higher vocabulary building

Vocabulary

apprendre : to learn
l'avenir (m) : future
l'avocat(e) (m/f) : lawyer
le bâtiment : building
le boulot (m) : job
le but : goal
la carrière : career
la compétence : skill
la confiance : confidence
le cours : lesson
le défi : challenge
devenir : to become
les devoirs (m) : homework
dur(e) : hard
égal(e) : equal
enseigner : to teach
l'entreprise (f) : company
l'entretien (m) : interview
l'équilibre (m) : balance
l'équipe (f) : team
espérer : to hope
étudier : to study
l'examen (m) : exam
expliquer : to explain
faible : weak
fort : strong, good (at something)
gérer : to handle, deal with
harceler : to bully
indépendant(e) : independent
interdit : forbidden, banned
jeune (m) : young, young person
juste : fair, correct
la langue : language
malgré : despite
la matière : subject
le métier : job, profession
nul/nulle : rubbish, hopeless
paresseux/paresseuse : lazy
permettre (à) : to allow
pratique : practical
responsable : responsible
réussir (à) : to pass, succeed
le rêve : dream
souhaiter : to wish
strict(e) : strict
sympa(thique) : friendly
traduire : to translate
le travail : job
l'université (f) : university
utile : useful

1. Match up

entretien	future
carrière	job
équipe	money
avenir	interview
choix	salary
boulot	Year 13
argent	team
salaire	Year 12
terminale	career
faible	strong
première	weak
fort	choice

2. Correct the wrong translations

a. confiance : competence

b. entretien : entertaining

c. but : goal

d. harceler : to bully

e. gérer : to work hard

f. défi : deficit

g. boulot : career

h. interdit : permitted

3. One of three – circle the right answers

but	*goal*	*balance*	*subject*
jeune	*old*	*young*	*great*
école	*job*	*school*	*money*
boulot	*table*	*screen*	*job*
fort	*weak*	*strong*	*strict*
malgré	*despite*	*also*	*however*
langue	*long*	*language*	*sheet*
nul	*great*	*zero*	*rubbish*
métier	*subject*	*job*	*future*
rêve	*dream*	*worry*	*hope*
utile	*useful*	*mean*	*fun*

4. Positive (P) or negative (N)?

a. fort

b. faible

c. mal payé

d. juste

e. nul

f. sympathique

g. paresseux

h. bien payé

i. utile

5. Complete the translations

a. Je cherche un boulot : I am looking for a __________.

b. Je vais étudier la chimie : I am going to study __________.

c. Je suis faible en maths : I am __________ at maths.

d. J'ai réussi à mes examens : I __________ my exams.

e. Je suis encore jeune : I am still __________.

f. Je ferai une année sabbatique : I'll do a sabbatical __________.

g. Je souhaite continuer : I __________ to continue.

h. J'aime le travail d'équipe : I like team __________.

i. J'espère réussir : I __________ to succeed.

j. Je trouve les langues passionnantes : I find languages __________.

k. J'ai été harcelé au collège : I have been __________ at school.

6. Match the opposites

bon	génial
bien	pauvre
nul	facile
fort	mauvais
riche	méchant
utile	faible
dur	travailleur
gentil	mal
paresseux	inutile

7. Translate into English

a. harceler : _______
b. gérer : _______
c. utile : _______
d. bien payé : _______
e. travail : _______
f. dur : _______
g. chercher : _______
h. boulot : _______
i. projets : _______
j. souhaiter : _______
k. rêver : _______
l. faible : _______
m. réussir : _______
n. but : _______
o. espérer : _______
p. argent : _______
q. salaire : _______
r. permettre : _______

8. Missing letters

a. g_rer (to manage)
b. r_ver (to dream)
c. n_l (rubbish)
d. ar_ent (money)
e. f_rt (strong)
f. je_ne (young)
g. _oulot (job)
h. just_ (fair, just)

9. Unjumble the words and translate

a. engtil :   gentil   kind
b. rchehcer : _______ _______
c. rgaten : _______ _______
d. tiule : _______ _______
e. orft : _______ _______
f. jeprots : _______ _______
g. udr : _______ _______
h. rgère : _______ _______

10. Break the flow. Insert lines where there should be gaps

a. J'aiétéharceléequandj'étaispetite.
b. Jevaisfaireuneannéesabbatiquel'annéeprochaine.
c. Aprèsmesexamensjechercheraiunboulot.
d. Jevaistravaillerdansunebanqueouunbureau.
e. Jepensequejeveuxgagnerbeaucoupd'argent.
f. Jevoudraisfaireunboulotdansunmagasinouuneécole.
g. Jenevoudraisjamaistravaillercommeprofouavocat.
h. Jerêvededevenirmédecindansungrandhôpital.

11. Complete with the correct verb from the ones in the grid

a. Je _______ comme scientifique.
b. Je vais _______ une année sabbatique.
c. J'_______ deux langues étrangères.
d. Je _______ de devenir riche.
e. Je _______ beaucoup d'argent.
f. Je _______ un boulot.
g. Je vais _______ à mes examens.
h. Je _______ travailler comme policier.
i. Mes profs _______ très bien.
j. J'_______ être chercheur.
k. Je _______ prof.
l. Je _______ encore trop jeune.

étudierai	chercherai	rêve
réussir	travaillerai	espère
faire	gagnerai	expliquent
suis	voudrais	serai

12. Translate into English (on separate paper)

a. Mes matières préférées sont l'espagnol et la géo.
b. Je m'entends toujours bien avec mes profs.
c. La prof de maths est stricte, mais gentille et travailleuse.
d. Je trouve que les cours sont variés et passionnants.
e. La prof de français explique bien la matière.
f. J'ai appris beaucoup en visitant le Louvre.
g. À la récré je discute avec mes amis dans la cour.
h. J'ai l'intention d'aller à l'université après mes examens.
i. Je voudrais faire un métier intéressant et bien payé.
j. Hier soir j'ai préparé mon examen de français.
k. La musique est plus amusante que les maths.
l. Ce que j'aime le plus, c'est voir ma meilleure amie.
m. J'aimerais travailler à l'étranger un jour.
n. Je rêve de devenir médecin ou chercheur.
o. L'année prochaine, je vais aller en première.

Higher reading

1. **Read this article about a school in Burkina Faso, Africa.**

Dans une école primaire au Burkina Faso il y a généralement 120 élèves dans chaque classe, mais souvent les enfants ne sont pas en cours, car ils aident leurs parents qui travaillent sur les marchés ou dans la campagne locale.

Les élèves de 10 ans doivent passer un examen qui leur permettra d'aller au collège. Il y a beaucoup de choses à apprendre, surtout en maths et en français. Oui, parce que dans ce pays d'Afrique, les cours sont en français, même si la majorité des enfants du pays ne parlent pas cette langue en dehors de l'école. À la maison, avec leur famille et leurs amis, ils parlent les langues traditionnelles du Burkina Faso. Alors, en classe, c'est parfois un peu difficile pour eux. Les profs sont souvent obligées de traduire les exercices en dioula*. Comme ça, tout le monde peut bien comprendre.

*dioula – a language spoken in Burkina Faso

Put a tick next to each one of THREE statements made in the article.

a. Children are often absent from school.

b. Parents work in local factories.

c. An exam is taken before secondary school.

d. Lessons are conducted in Dioula.

e. Children speak French with their families.

f. Teachers translate to help the pupils.

2. **Duc is talking about his plans for the future. Answer the questions in English.**

Alors, pour moi, l'avenir me fait un peu peur, mais je sais que je veux voyager partout dans le monde, peut-être étudier à l'étranger plutôt qu'en France. Mon frère, qui a cinq ans de plus que moi, fait une année sabbatique en Angleterre où il est bénévole pour une association.

J'ai des passions, comme la musique et la lecture, donc j'aimerais bien voir si je peux les transformer en métier. Mais je me demande quelquefois si ce n'est qu'un rêve, ou si ça peut devenir réalité. J'espère pouvoir trouver un équilibre entre ce que j'aime et ce qui me permettra de bien vivre. Pour le moment, j'essaie de gérer tout le travail qu'il faut faire.

a. How does he feel about the future? ....

b. Where might he like to study? ....

c. What is his brother doing? Mention **two** points. ....

d. What might he do with his interests? ....

e. What does he sometimes wonder? ....

f. What is his current priority? ....

Higher reading

3. Josiane is talking about her career plans. Circle the best answer in each case.

Je m'appelle Josiane et bientôt, je vais avoir seize ans. À treize ans, j'ai commencé à me poser des questions sur la société actuelle. L'égalité entre les gens est la chose la plus importante à mon avis. On a fait des progrès concernant la sécurité et le racisme, mais le sexisme est encore un problème. Les filles et les femmes sont trop souvent harcelées.

Les jeunes qui n'ont pas de travail ont des rêves, mais peu d'argent ! Je souhaite lutter pour l'égalité entre les gens. Je voudrais étudier les droits de l'enfant à l'université, et puis un jour je pourrais devenir avocate ou journaliste.

1.	Josiane will soon be...	a. 15	b. 16	c. 17
2.	The main issue for her is...	a. equality	b. poverty	c. racism
3.	Girls and women are too often...	a. ignored	b. harassed	c. exploited
4.	At university she would like to study...	a. law	b. journalism	c. children's rights
5.	She might become a...	a. lawyer	b. teacher	c. author

4. Read Naïma's experience of looking for jobs in Belgium. Answer the questions in English.

Trouver un emploi pour une femme comme moi, avec un nom de famille arabe, n'est pas toujours facile. Aux entretiens tu te sens toujours regardée, avant d'avoir eu l'occasion de montrer tes qualités personnelles et professionnelles. On te dit souvent que tu dois être deux fois mieux, deux fois plus qualifiée pour avoir une chance égale. C'est fatigant !

Parfois, je me demande si ça vaut la peine de continuer à lutter. Mais je sais que je suis forte, malgré les défis. Je veux une chance de prouver que je suis capable. La couleur de ma peau et mes vêtements n'ont pas d'importance.

a. How does Naïma feel at job interviews? ....

b. What does she find tiring. Mention **two** points. ....

c. What does she wonder? ....

d. What does she want? ....

e. What does she say in the last sentence? ....

Higher reading

5. Read Grégoire's description of his school day. Circle the best answer in each case.

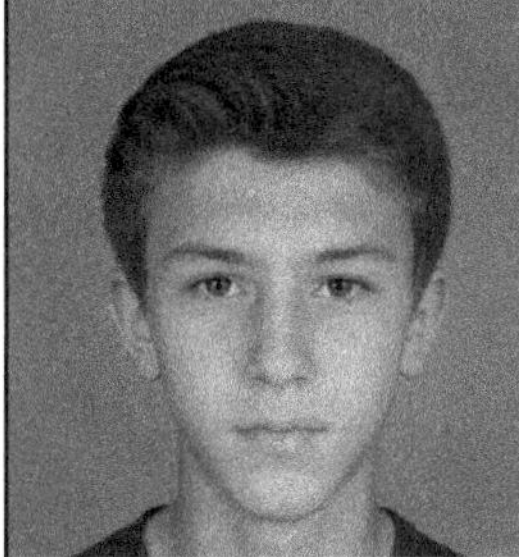

Aujourd'hui, j'ai passé une journée agréable. J'ai eu beaucoup de cours. Le matin, j'ai eu français, maths et espagnol. J'aime bien les maths, mais l'espagnol… mes copains trouvent ça amusant, mais c'est un peu ennuyeux pour moi, et je ne m'entends pas bien avec le prof. Après, nous avons eu la pause déjeuner. Les repas sont sains, peu chers, mais pas très différents d'un jour à l'autre. C'est toujours amusant de discuter et de rire ensemble avec les copains. Il y a beaucoup de blagues ! Les portables sont interdits, donc on ne joue pas à des jeux. En plus, la cour est trop petite pour jouer au foot.

Ensuite, nous avons eu d'autres cours, par exemple maths et éducation physique. L'histoire-géo, c'est intéressant parce que nous apprenons beaucoup sur les différents pays du monde. Cela m'intéresse. Enfin, la journée s'est terminée et je suis rentré chez moi. Ce n'était pas une journée spéciale, mais j'ai quand même passé un bon moment avec mes copains.

1.	Grégoire says his day was…	a. fun	b. pleasant	c. annoying
2.	He finds Spanish lessons…	a. boring	b. enjoyable	c. interesting
3.	School meals are…	a. varied	b. expensive	c. healthy
4.	At lunchtime with his friends he…	a. has a laugh	b. plays games	c. plays football
5.	After lunch he learned about different…	a. peoples	b. countries	c. languages

6. Read Mireille's description of a school visit. Answer the questions in English.

Hier, nous avons fait une visite scolaire passionnante. On a visité le musée d'histoire naturelle, où j'ai tellement appris sur les espèces animales et l'histoire de la planète. Tout était bien expliqué, en anglais et en français. On nous a montré des squelettes* d'animaux énormes. Après la visite guidée, on a eu un peu de temps libre pour explorer le musée par nous-mêmes. C'était vraiment une journée surprenante pour moi, car je n'avais jamais vu un musée comme ça.

J'ai aussi passé du temps avec mes amis, ce qui a rendu la journée encore plus amusante. Je suis rentrée à la maison fatiguée mais heureuse, avec beaucoup de nouveaux souvenirs dans la tête. Je suis impatiente de vivre d'autres expériences comme celle-ci à l'avenir.

* squelette = skeleton

a. How does she describe the day in the first sentence? ....

b. What did she learn about? Mention **two** points. ....

....

c. What happened after the guided tour? ....

d. Why did she feel surprised? ....

e. What made the day even more fun? ....

f. How did she feel when she got home? ....

Grammar focus – contrasting present and past

Compare this pair of sentences:

Quand j'**étais** petit, j'**allais** à l'école primaire.   Maintenant je **vais** au collège.

(When I **was** young, I **used to go** to primary school.)   (Now I **go** to high school.)

Now compare this pair of sentences:

Hier j'**ai joué** au football à l'école.   Aujourd'hui je **joue** au rugby.

(Yesterday I **played** football at school.)   (Today I **am playing** rugby.)

The sentences on the left were in the past (Imperfect or Perfect Tense), the ones on the right in the Present Tense. To spot the difference between present and past, focus on the form and spelling of the verb. Does it have **one part (*joue*)** or **two (*ai joué*)**? Does it end *ais* or *ait*, for example.

For GCSE it is important to show you **know the difference between present and past**, both when speaking and writing. Extra marks are given for using tenses correctly. In the mark schemes a tense mistake is considered a major error which changes the meaning of a sentence.

First, do the recognition task below. Look at each verb and mark in the box if the verb is in the Present Tense (PRES) or a past tense (Imperfect or Perfect).

VERB	PRES/PAST	VERB	PRES/PAST	VERB	PRES/PAST
je vais		j'ai visité		c'est	
je préfère		je visite		c'était	
j'ai préféré		j'allais		il fait (careful!)	
j'aimais		nous avons joué		il faisait	
j'adore		nous jouons		elle a fait	

Now look at the sentences below. They offer other clues about whether the sentence is in the present or past. Look out for **time expressions**, but not every sentence will have one. Mark in the box PRES or PAST as you did above.

D'habitude je vais à l'école à pied.		Hier soir j'ai fait mes devoirs.	
Hier j'ai joué avec mes copains.		Je parle avec mes amis dans la cour.	
Quand j'étais petite, je parlais beaucoup.		Lundi dernier il a visité un musée.	
Avec ma classe je suis allé au théâtre.		Les repas ne changent pas beaucoup.	
La prof a bien expliqué son cours.		J'allais à l'école primaire.	
En ce moment je travaille chez moi.		La prof explique bien la matière.	
Je n'ai jamais aimé les sciences.		Je m'entends bien avec les profs.	
J'apprends beaucoup en cours de maths.		J'ai travaillé pendant deux heures. Ouf !	
Il y a deux ans je faisais de la natation.		Nous parlons beaucoup en cours.	
Le week-end dernier on a joué au rugby.		J'adore étudier la grammaire.	

The present tense

- ER verbs	-RE verbs	-IR verbs	Useful verbs on this topic	
jouer (to play)	**perdre** (to lose)	**finir** (to finish)	**aller** (to go)	je vais
je joue	je perds	je finis	**appendre** (to learn)	j'apprends
tu joues	tu perds	tu finis	**avoir** (to have)	j'ai
il/elle joue	il/elle perd	il/elle finit	**être** (to be)	je suis
on joue	on perd	on finit	**faire** (to do)	je fais
nous jouons	nous perdons	nous finissons	**aimer** (to like)	j'aime
vous jouez	vous perdez	vous finissez	**espérer** (to hope)	j'espère
ils/elles jouent	ils/elles perdent	ils/elles finissent	**pouvoir** (to be able to)	je peux
			travailler (to work)	je travaille
			préférer (to prefer)	je préfère
			devoir (to have to)	je dois
			réussir (to succeed, pass)	je réussis
			vouloir (to want)	je veux

1. Add the missing letters

a. nous de_ _ _ _ (we must)

b. elle v_ (she goes)

c. on fa_ _ (we do)

d. je v_ _ _ (I want)

e. tu chois_ _ (you choose)

f. nous pou_ _ _ _ (we can)

g. vous all_ _ (you go)

h. je v_ _ _ (I go)

i. tu pr_ _ _ _ _ _ (you prefer)

j. ils ai_ _ _ _ (they like)

k. que fa_ _-tu ? (you do)

l. j'appr_ _ _ _ (I learn)

m. nous s_ _ _ _ _ (we are)

n. on _ (we have)

o. je pr_ _ _ _ _ (I prefer)

p. elles _ _ _ (they have)

q. je tr_ _ _ _ _ _ _ (I work)

r. on j_ _ _ (we play)

2. Complete with a suitable verb

a. Je p__________ le français.

b. Je v__________ à l'école.

c. On v__________ nos amis.

d. On j__________ au football.

e. Elles a________ les maths.

f. Je c________ à 9 heures.

g. J'e________ réussir.

h. Je do________ faire maths.

i. Je dé________ les maths.

j. Tu t__________ dur ?

3. Insert *Je/J', Tu, Elle, Nous, Vous, Ils* as appropriate

a. _______ travaillons dur.

b. _______ adorent les sciences.

c. _______ mange un repas chaud.

d. Que faites- _______ à l'école ?

e. _______ devons porter un uniforme.

f. _______ peuvent faire du sport.

g. À midi _______ mangeons bien.

h. _______ n'aime pas les cours.

i. _______ ne veux pas aller à l'université.

j. _______ vas faire un apprentissage ?

k. _______ faisons des visites scolaires.

l. _______ vais au collège à vélo.

m. _______ faisons beaucoup de matières.

n. _______ adore la prof de français.

o. _______ espère continuer mes études.

p. _______ viens à l'école en bus ?

Perfect tense of three useful AVOIR verbs

JOUER (to play)	FAIRE (to do)	AVOIR (to have)
j'ai joué (I played)	j'ai fait (I did)	j'ai eu (I had)
tu as joué (you played)	tu as fait (you did)	tu as eu (you had)
il/elle a joué (he/she played)	il/elle a fait (he/she did)	il/elle a eu (he/she had)
on a joué (we played)	on a fait (we did)	on a eu (we had)
nous avons joué (we played)	nous avons fait (we did)	nous avons eu (we had)
vous avez joué (you played)	vous avez fait (you did)	vous avez eu (you had)
ils/elles ont joué (they played)	ils/elles ont fait (they did)	ils/elles ont eu (they had)

4. Circle the correct form of AVOIR

a. J'**a/ai/as** eu français et anglais.

b. Nous **avez/ont/avons** travaillé dur.

c. On **ai/a/as** joué au football dans la cour.

d. J'**as/ai/a** fait du sport samedi matin.

e. Il n'**a/ai/as** pas fait beaucoup de travail.

f. J'**a/as/ai** réussi à mes examens.

g. Elle **a/as/ai** décidé de choisir les maths.

h. Vous **avons/ont/avez** aimé le prof d'histoire.

5. Complete with the correct form of AVOIR

a. J'_ _ travaillé beaucoup au collège.

b. Il n'_ pas trouvé le cours intéressant.

c. Elles _ _ _ beaucoup révisé hier soir.

d. Nous _ _ _ _ _ eu une carrière intéressante.

e. Je n'_ _ jamais bien fait mes devoirs.

f. Ils _ _ _ réussi à tous les examens.

g. Elle _ voulu aller au club de natation.

Perfect tense of three useful ÊTRE verbs

ALLER (to go)	ARRIVER (to arrive)	RESTER (to stay)
je suis allé(**e**) (I went)	je suis arrivé(**e**) (I arrived)	je suis resté(**e**) (I stayed)
tu es allé(**e**)	tu es arrivé(**e**)	tu es resté(**e**)
il/on est allé(**e**)(**s**)	il/on est arrivé(**e**)(**s**)	il/on est resté(**e**)(**s**)
elle est allé**e**	elle est arrivé**e**	elle est resté**e**
nous sommes allé(**e**)**s**	nous sommes arrivé(**e**)**s**	nous sommes resté(**e**)**s**
vous êtes allé(**e**)(**s**)	vous êtes arrivé(**e**)(**s**)	vous êtes resté(**e**)(**s**)
ils sont allé**s**	ils sont arrivé**s**	ils sont resté**s**
elles sont allé**es**	elles sont arrivé**es**	elles sont resté**es**

6. Circle the correct pronoun

a. **Nous/Il/Je** est allé au collège en bus.

b. **Tu/Je/Elle** suis restée après les cours.

c. **Nous/Vous/Ils** sont arrivés en retard.

d. **Elle/Tu/Vous** es venue à pied ou à vélo ?

e. **Ils/Elles/Nous** sommes partis tôt.

f. **Tu/Ils/Vous** êtes arrivés à l'heure ?

g. Avec qui est-**elle/tu/nous** allée au travail ?

h. **Ils/Vous/Nous** ne sont pas venus à l'école.

7. Correct the mistakes in the words in bold

a. Elle **es** sortie tous les jours.

b. Nous sommes **allé** au gymnase à quatre heures.

c. Mon père est **arrivée** au terrain de sports.

d. Ma sœur n'**a** pas restée après les cours.

e. Mes parents **est** allés à l'université.

f. À quelle heure **as**-tu arrivé à l'école ?

g. Vous êtes **rentré** tard toutes les deux ?

h. Je n'**ai** pas venu au club de danse.

8. Present or Past ? Then translate

Example : hier	PAST	yesterday
aujourd'hui		
maintenant		
samedi dernier		
en ce moment		
il y a deux mois		
la semaine dernière		
actuellement		

9. Circle the correct verb in italics

a. Hier je *vais/suis allé* au collège.

b. En ce moment nous *travaillons/avons travaillé* dur.

c. Marine *joue/a joué* au football hier soir.

d. En général elle *préfère/a préféré* les sciences.

e. Quand j'*étais/suis jeune*, je faisais de la danse.

f. J'*ai écouté/écoute* bien la prof maintenant.

g. J'*ai joué/joue* au rugby samedi dernier.

h. Enfin, Djamal *trouve/a trouvé* un boulot à Lyon.

10. Complete the translation

a. Je ___________ dur. (I work hard.)

b. J' ___________ l'informatique. (I liked computing.)

c. Je ___________ heureux à l'école. (I am happy at school.)

d. J'___________ au travail hier. (I was at work yesterday.)

e. Je ___________ mes devoirs. (I do my homework.)

f. Elle ___________ ses devoirs. (She did her homework.)

g. Nous ___________ un boulot. (We found a job.)

11. Present to past – put these present tense verbs in the perfect tense

a. je vais :   je suis allé(e)

b. je travaille : ___________

c. je suis : ___________

d. j'ai : ___________

e. on joue : ___________

f. nous visitons : ___________

12. Answer positively using a whole sentence - make any changes necessary

a. Tu vas toujours au collège en voiture ? Oui, je ____

b. Tu as eu maths et anglais hier ? Oui, ____

c. Tu es arrivé(e) au collège hier à huit heures ? Oui, ____

d. Tu préfères le français à l'histoire ? Oui, ____

e. Tu as visité un château avec ta classe ? Oui, ____

f. Tu espères aller à l'université un jour ? Oui, ____

13. Tangled translation (write in below each English phrase)

a. Elle *worked* dans un *office*.

b. J'ai *decided* de devenir *doctor*.

c. Nous *have* trop de *homework* chaque *day*.

d. Hier nous *had* ma *subject* préférée.

e. J'ai *spoke* français *during* le *lesson*.

f. *Each* jour *I have* six *lessons*. Je *think* que c'est *too much*.

14. Translate into French (on separate paper)

a. I always go to school by bicycle.

b. I went to the computer club with my best friend.

c. I get on well with my French teacher.

d. I used to hate my maths teacher a lot.

e. I am good at music, but weak at history.

f. I was better (stronger) at Spanish last year.

g. I have just decided to become a lawyer.

h. Today I am happy; yesterday I was sad.

Preparing for speaking and writing

1. Complete with the missing letters

a. projets d'ave_ _ _ (plans for the future)

b. réu_ _ _ _ au baccalauréat (to pass A-level)

c. je suis je_ _ _ (I am young)

d. mon prof est travai_ _ _ _ _ (my teacher is hard-working)

e. une année sabbati_ _ _ (a sabbatical year)

f. je rêve de deve_ _ _ (I dream of becoming)

g. j'ai e_ maths (I had maths)

h. je vais cher_ _ _ _ un boulot (I am going to look for a job)

i. mon prof e_ _ sympathique (my teacher is nice)

2. Complete the sentences below using one of the verbs below

a. Je vais ___________ un boulot.

b. Je ___________ comme avocat.

c. Je rêve de _________ médecin.

d. Je _________ étudier la chimie.

e. Je _________ une année sabbatique.

f. J'ai _________ de bonnes notes.

eu	chercher	devenir
ferai	vais	travaillerai

3. Complete the French translation

a. Ma m_________ préférée, c'est l'histoire. (My favourite subject is history.)

b. Je cherche un b___________. (I am looking for a job.)

c. Je ferai un a_________________. (I will do an apprenticeship.)

d. Je r_________ de devenir chercheur. (I dream of becoming a researcher.)

e. Je vais é__________ des matières scientifiques. (I am going to study scientific subjects.)

f. Je p_________ un uniforme noir et blanc. (I wear a black and white uniform.)

g. Je vais f__________ une année sabbatique. (I am going to do a sabbatical year.)

h. Je vais a_________ en première. (I am going to go into Year 12.)

4. Complete the table with the feminine version of the adjectives and nouns below

Masculine	Feminine
gentil	
dur	
travailleur	
paresseux	
nul	
bien payé	
acteur	
professeur	
strict	
intéressant	
ennuyeux	
facile	

5. Add the missing accents and translate into English

a. J'espere avoir un boulot bien paye.

____

b. Mon frere est en quatrieme.

____

c. C'est ma matiere preferee.

____

d. J'ai ete harcelee au college.

____

e. Je prefere les matieres scientifiques.

____

f. L'annee derniere j'etais en troisième.

____

6. Complete with the correct option

a. Actuellement je *vais/suis allé* au collège à pied.

b. Hier *j'ai/j'ai eu* de bonnes notes.

c. L'année prochaine *j'ai fini/je vais finir* mes études.

d. En ce moment *je cherche/je cherchais* un boulot.

e. Demain *je vais passer/j'ai passé* mon examen.

f. D'habitude je ne *fais/ferai* pas mes devoirs.

g. L'année dernière *je suis/j'étais* en première.

h. À l'avenir je *suis/je serai* riche.

i. Il y a deux ans je *fais/faisais* trop de travail.

7. Complete

a. Je cherche un b_ _ _ _t.

b. Je fais mes d_ _ _ _ _s.

c. Je suis en t_ _ _ _ _ _ _e.

d. L'année p_ _ _ _ _ _ _e.

e. Je rêve de d_ _ _ _ _r médecin.

f. Je fais un a_ _ _ _ _ _ _ _ _ _e.

g. Je serai r_ _ _e.

h. Je ferai une a_ _ _e sabbatique.

i. J'ai t _ _ _ de devoirs.

8. Sentence puzzle – re-order the words to make a correct sentence

a. J' cours apprends de mes sciences beaucoup dans (I learn a lot in my science lessons.)

____

b. m' Je bien avec profs entends mes (I get on well with my teachers.)

____

c. stricte prof La d'est trop anglais (The English teacher is too strict.)

____

d. discute Je mes avec dans la amis cour (I chat with my friends on the playground.)

____

e. explique Le la prof matière de bien maths (The maths teacher explains the subject well.)

____

9. Translate into English

a. My favourite subject is French. _______________________________

b. I get on well with my teachers. _______________________________

c. The maths teacher is quite strict. _______________________________

d. I think the lessons are fantastic. _______________________________

e. The French teacher explains the subject well. _______________________________

f. I learn a lot in my maths lessons. _______________________________

g. At break I talk with my friends in the playground. _______________________________

h. I dream of going to university. _______________________________

i. I would like to do an interesting, well-paid job. _______________________________

j. Last night I prepared for my French exam. _______________________________

k. Music is more fun than maths. _______________________________

l. What I like most is seeing my friends. _______________________________

Writing and speaking from a photo card

Write something about both of these photos. Write about who you see, where they are and what they are doing. Read out your description.

....

....

....

Answer the following questions related to this topic. Read out your answers.

1. Quelles matières préfères-tu à l'école ? Pourquoi ?

   ....

   ....

2. Décris ton uniforme scolaire ? Qu'est-ce que tu en penses ?

   ....

   ....

3. Parle-moi un peu de ta routine à l'école.

   ....

   ....

   ....

   ....

4. Décris une visite scolaire que tu **as faite**.

   ....

   ....

   ....

5. Qu'est-ce que tu **vas faire** l'année prochaine ?

   ....

   ....

Speaking in a role-play

Look at the instructions on the left as they would appear in a speaking test. Read aloud with a partner the dialogue on the right. Then do the dialogue a second time, changing the answers or questions in bold. Take turns playing the two roles.

Foundation

<table>
<tr>
<td>

1. Say what your favourite school subject is.
2. Give **one** opinion about this subject.
3. Ask your friend a question about school.
4. Say what time your lessons begin.
5. Say what you do after school. (Give **one** detail.)

</td>
<td>

1. Quelle matière préfères-tu à l'école ?
   Musique.
2. Pourquoi est-ce que tu préfères ça ?
   (Parce que) c'est intéressant.
3. **Tu aimes l'école ?**
   …
4. À quelle heure commencent les cours à l'école ?
   À neuf heures.
5. Qu'est-ce que tu fais après les cours ?
   Je fais mes devoirs.

</td>
</tr>
</table>

✂···

Higher (Where you see **…**, the partner makes up a short answer as if they were an examiner.)

<table>
<tr>
<td>

1. Describe a teacher you like. (Give **two** details.)
2. Say what you think about school rules. (Give **one** opinion and **one** reason.)
3. Ask your friend a **question** about their future.
4. Give **one** advantage and **one** disadvantage of going to university.
5. Describe something you did at school yesterday. (Give **one** detail.)

</td>
<td>

1. Parle-moi d'un professeur que tu aimes.
   Elle s'appelle Madame Jones. Elle est gentille.
2. Que penses-tu des règles à l'école ?
   Je pense que les règles sont importantes parce qu'il faut travailler dur.
3. **Qu'est-ce que tu vas faire à l'avenir ?**
   …
4. Que penses-tu de l'université ?
   C'est bien pour avoir un bon travail, mais on ne gagne pas d'argent.
5. Qu'est-ce que tu as fait à l'école hier ?
   J'ai joué au netball avec mes amies.

</td>
</tr>
</table>

Foundation writing

Write approximately <u>50 words</u> in French. Mention all points. Refer to the language in this unit, for example the Foundation Sentence Bank, or do the task in 'exam conditions', without help. Or do both!

• Your favourite school subject   • A teacher   • Sport at school   • School lunch   • A future plan

1. ....

2. ....

3. ....

4. ....

5. ....

Using your knowledge of grammar, complete the sentences below, choosing one of the three options given.

1. Chaque jour je .... au collège à vélo (aller/vas/vais).

2. Ma matière .... est les maths (préférée/préfère/préféré).

3. À l'avenir je vais .... à l'université (allons/aller/allez).

4. Nous .... français en cours (parler/parlent/parlons).

5. Les cours .... à neuf heures (commencent/commencer/commences).

Foundation/Higher writing

Write approximately <u>90 words</u> in French. You must refer to each bullet point.

• Homework   • What you did yesterday at school   • Plans for the future

....

....

....

....

....

....

....

Higher writing

On paper, write approximately 150 words about future plans. Cover both bullet points. Refer to the language in this unit, for example the Higher Sentence Bank, or do the task in 'exam conditions', without help. Or do both!

- The advantages and disadvantages of working in another country
- Your plans for next year

Foundation sentence bank

Je vais à l'école à pied.	I go to school on foot.
Il y a 800 élèves dans mon école.	There are 800 pupils in my school.
Je porte un uniforme scolaire ; c'est pratique.	I wear a school uniform; it's practical.
J'ai cinq cours par jour.	I have five lessons per day.
Les cours commencent à neuf heures.	Lessons start at nine o'clock.
Je pense qu'il y a trop de devoirs chaque soir.	I think there is too much homework each evening.
Ma matière préférée est le français.	My favourite subject is French.
J'aime l'histoire parce que c'est intéressant.	I like history because it is interesting.
Lundi dernier j'**ai fait** une visite scolaire.	Last Monday I **did** a school visit.
Je **suis allé(e)** au théâtre avec ma classe.	I **went** to the theatre with my class.
Le week-end dernier j'**ai joué** au rugby pour l'école.	Last weekend I **played** rugby for the school.
À l'avenir je **voudrais devenir** avocat(e).	In the future I **would like to become** a lawyer.
Je **ne veux pas aller** à l'université.	I **don't want to go** to university.
L'année prochaine je **vais faire** maths et sciences.	Next year I **am going to do** maths and science.

✂ ···

Higher sentence bank

Mes matières préférées sont l'espagnol et la géo.	My favourite subjects are Spanish and geography.
Je m'entends toujours bien avec mes profs.	I always get on well with my teachers.
La prof de maths est stricte, mais gentille.	The maths teacher is strict, but kind.
Je **trouve** que les cours sont variés et intéressants.	I **think** the lessons are varied and interesting.
La prof de français explique bien la matière.	The French teacher explains the subject well.
J'ai appris beaucoup **en visitant** le musée d'histoire.	I learned a lot **while visiting** the history museum.
À la récré je parle avec mes ami(e)s dans la cour.	At break I talk with my friends in the playground.
J'**ai l'intention d'**aller à l'université.	I **intend** to go to university.
Je **voudrais** faire un métier intéressant et bien payé.	I **would like to** do an interesting, well-paid job.
Hier soir j'ai préparé mon examen de français.	Last night I prepared for my French exam.
La musique est **plus** amusante **que** les maths.	Music is **more** fun **than** maths.
Ce que j'aime **le plus**, c'est voir mes ami(e)s.	**What** I like **most** is seeing my friends.
J'**ai décidé de** travailler à l'étranger un jour.	I **decided** to work abroad one day.
Je **pourrais** devenir médecin ou professeur(e).	I **might** become a doctor or a teacher.

UNIT 4

Travel and tourism

Contents

- Foundation vocab building
- Foundation reading
- Higher vocab building
- Higher reading
- Grammar focus – adverbs
- Preparing for speaking and writing
- Writing and speaking from a photo card
- Speaking in a role play
- Writing
- Sentence banks

Foundation vocab building

Vocabulary

l'aéroport (m) : airport
l'avion (m) : plane
le bateau : boat
beau/belle : beautiful
le billet : ticket
le bord de la mer : seaside
calme : quiet, calm
la campagne : countryside
le camping : camping, campsite
le car : coach
cher/chère : expensive
le climat : climate
la côte : coast
coûter : to cost
la cuisine : cooking, food
découvrir : to discover
dehors : outside
l'endroit (m) : place
étranger/étrangère : foreign
la forêt : forest
la gare : railway station
l'île (f) : island
le lieu : place
le logement : accommodation
la mer : sea
la montagne : mountain
le moyen : means
partir ; to leave, depart
passer : to spend
le pays : country
la plage : beach
propre : clean
rapide : fast
réserver : to book
rester : to stay
se souvenir : to remember
sûr(e) : safe
le temps : weather
le tourisme : tourisme
le vélo : bicycle
la valise : suitcase
le vol : flight
vieux/vieille : old
visiter : to visit
vite : quickly, fast
la voiture : car
voler : to fly
le voyage (m) : journey
voyager : to travel
la vue : view

1. Match up

endroit	means
pays	to stay
bord	accommodation
plage	edge
rester	clean
moyen	beach
partir	weather
propre	place
temps	sea
mer	to leave
logement	country

2. Correct the wrong translations

a. des boissons fraîches : cold food

b. il faisait chaud : it was windy

c. à l'étranger : at home

d. une île déserte : a desert island

e. de beaux lieux : ugly places

f. des plages propres : clean beaches

g. un logement : means of transport

h. perdre une valise : to lose money

i. un billet d'avion : a plane ticket

3. One of three – circle the right answer

valise	*means*	*suitcase*	*flight*
mer	*mother*	*coast*	*sea*
plage	*plague*	*suitcase*	*beach*
avion	*boat*	*plane*	*bus*
louer	*to sell*	*to buy*	*to rent*
passer	*to go*	*to visit*	*to spend*
étranger	*foreign*	*outside*	*safe*
lieux	*beaches*	*places*	*towns*
acheter	*to sell*	*to travel*	*to buy*
voler	*to fly*	*flight*	*plane*

4. Tick the words to do with transport

a. voler

b. car

c. voiture

d. temps

e. plage

f. vélo

g. avion

h. forêt

5. Complete the translation

a. un long voyage : a long ____________

b. découvrir des endroits historiques : to ____________ historic places

c. acheter des souvenirs : to ____________ souvenirs

d. nager dans la mer : to ____________ in the sea

e. se reposer à la piscine : to ____________ at the pool

f. voyager en avion : to travel by ____________

6. Translate into English

a. vite ________   e. lieux ________   i. chaud ________

b. vue ________   f. vol ________   j. propre ________

c. temps ________   g. rester ________   k. pays ________

d. passer ________   h. plage ________   l. étranger ________

7. Sentence puzzle – put the words in each sentence in the right order

a. plages Il belles de y avait de. (There were beautiful beaches.)

____

b. faisait chaud et beau Il très. (It was fine and very hot.)

____

c. restés la On dans est un sur côte hôtel bel. (We stayed in a beautiful hotel on the coast.)

____

d. vol court a été et à agréable Le Londres. (The flight to London was short and pleasant.)

____

e. la beaucoup Dans de bruit avait ville y il. (In the town there was a lot of noise.)

____

f. région La de historiques lieux belle pleine était et. (The region was beautiful and full of historic places.)

____

h. Maroc On l'année a au nos dernière passé vacances. (Last year we spent our holidays in Morocco.)

____

8. Complete with the correct option

a. Il a fait _______.

b. L'île était très _________.

c. J'ai visité le _______ de la France.

d. On a _________ en voiture.

e. On a logé dans un _________ de luxe.

f. Il y a des _________ historiques à visiter.

g. Les vues étaient __________.

h. Je __________ la mer à la montagne.

lieux
belle
préfère
sud
hôtel
voyagé
chaud
formidables

9. Translate into English

a. Je suis parti le 14 juillet.

____

b. Je suis arrivé le 15 juillet.

____

c. J'ai voyagé en bateau.

____

d. Le voyage a été ennuyeux.

____

e. J'ai logé dans un hôtel sur la côte.

____

f. J'ai nagé tous les jours.

____

10. Tick all the geographical terms

a. montagne

b. cuisine

c. nord

d. sud

e. rivière

f. valise

g. boisson

h. avion

i. région

j. pays

k. mer

11. Translate into English (on separate paper)

a. J'aime prendre le train et l'avion, mais je préfère la voiture.

b. Malheureusement l'avion est mauvais pour l'environnement.

c. Je suis allée au bord de la mer en voiture avec mes parents.

d. On a besoin d'une voiture à la campagne.

e. Près de notre camping il y a des magasins, des hôtels et des restaurants.

f. L'année dernière je suis allé en France en voiture et en bateau.

g. L'été prochain je vais rester en Angleterre pendant les vacances.

h. J'aime les vacances au bord de la mer parce que j'adore la plage.

i. Pendant les vacances j'ai acheté des souvenirs pour mes amis.

j. J'aime la campagne parce que c'est calme et beau.

k. Je préfère les vacances à l'étranger ; c'est plus intéressant.

Foundation reading

1. **Read what these young people say about transport.**

Lise
J'aime beaucoup prendre le train. C'est un moyen de transport rapide. Il y a une gare près de chez moi.

Moussa
J'adore prendre l'avion pour les longs voyages. Je sais que prendre l'avion n'est pas bien pour le climat. Ça m'inquiète.

Gérard
Généralement je fais beaucoup de voyages en voiture. C'est bien. Je peux voyager où je veux, quand je veux.

Who says what? Put a cross in the correct column for each question.

Who…	Lise	Moussa	Gérard
a. … travels a lot by car?			
b. … travels by plane?			
c. … likes taking the train?			
d. … worries about the environment?			
e. … can travel when they want?			
f. … has a train station nearby?			

2. **Read what Jean-Marc says about travel in his city.**

Les transports publics dans ma ville sont généralement rapides et à l'heure. Moi, je prends le train chaque jour pour aller au boulot. Le voyage dure vingt minutes, puis je dois marcher pendant cinq minutes.

Chaque week-end je fais une promenade en voiture avec mes parents. On va au bord de la mer. L'aéroport est à trente minutes de chez moi. Je préfère ne pas prendre l'avion.

Complete each sentence using a word from the box below. There are more words than gaps.

cycles   seaside   car   late

mountains   plane   fast   walks

a. Jean-Marc says public transport is ………………

b. To get to work he also takes the train and …………………

c. At the weekend he sometimes goes to the ………………

d. He prefers not to travel by ………………

Foundation reading

3. Read what these people think about cars.

Pedro

En voiture on peut partir de la maison et voyager où on veut immédiatement. Je trouve ça très pratique.

Rahim

Quand on vit dans une grande ville on n'a pas besoin d'une voiture qui coûte très cher. Je sais que la voiture est pratique pour les longs voyages.

Jade

J'ai vendu ma voiture parce que c'était trop cher. Maintenant je vais au travail à vélo. C'est moins cher et bon pour la santé.

Fleur

Je vais acheter une voiture électrique. Elles sont rapides et propres. C'est un avantage pour l'environnement.

If the person has a positive opinion about cars put P in the box. If they have a negative opinion put N in the box. If they express both a positive and negative opinion put P/N in the box.

Pedro ☐   Rahim ☐   Jade ☐   Fleur ☐

4. Three people are giving their opinion about holidays.

Étienne

À mon avis, il faut aller souvent en vacances. C'est bon pour la santé quand on travaille dur tout le temps.

Joël

Je pense que ce n'est pas pour des gens pauvres. Ils n'ont pas assez d'argent pour partir en vacances.

Amina

Je préfère les vacances à l'étranger. J'adore voir des pays différents et parler une autre langue. C'est amusant.

Circle the correct answer in each case.

1. Étienne thinks holiday are good for…   (a) sightseeing   (b) families   (c) health

2. Joël talks about…   (a) cost   (b) environment   (c) work

3. Amina likes holidays…   (a) by the sea   (b) abroad   (c) in France

Foundation reading

5.   Read Léa's comment about tourism in her region. Then answer the questions in English.

Je pense que le tourisme dans les Alpes a des avantages et des inconvénients.

Les touristes créent du travail pour les habitants de la région. Ils mangent dans nos restaurants et utilisent nos hôtels et logements.

Mais les touristes sont mauvais pour l'environnement. Par exemple, il y a moins de forêts à cause des sports d'hiver. C'est dommage !

    a.   What does Léa first say? ....

    b.   Why does she refer to local people? ....

    c.   What do tourists do? Mention **two** points. ....

    d.   What environmental impact does she mention? ....

6.   Read this extract from a tourist brochure in Azay-le-Rideau, France.

Le village est vieux. Nous avons un parc naturel et tout le monde adore le château historique. Il n'y a pas de grand supermarché, mais il y a une épicerie, des cafés et des magasins où les visiteurs achètent des cadeaux pour se souvenir de leurs vacances. Les gens adorent faire du vélo ici.

Circle the correct answer in each case.

   1. The village is…   (a) small   (b) old   (c) beautiful

   2. There are…   (a) supermarkets (b) gift shops   (c) hotels

   3. People enjoy…   (a) cycling   (b) walking   (c) boating

7.   Read this description of a popular tourist destination in Martinique, a French island in the West Indies.

Le Diamant est une petite ville au bord de la mer dans le sud de l'île. Il est célèbre pour son énorme rocher* qui se trouve dans la mer. On peut manger au restaurant, passer une semaine dans une maison avec vue sur mer, et faire des promenades à la plage ou dans les montagnes. La plus grande ville de la Martinique n'est pas loin.

* rocher = rock

    a.   Where exactly is Le Diamant? Mention **two** points. ....

    b.   What is said of the houses? ....

    c.   Where can you walk? Mention **two** points. ....

    d.   What is said about the biggest town? ....

Higher vocabulary building

Vocabulary

l'aéroport (m) : airport
apprécier ; to appreciate, enjoy
autour (de) : around
le bâtiment (m) : building
le billet : ticket
le bord de la mer : seaside
la campagne : countryside
la circulation : traffic
le climat : climate
la côte : coast
coûter : to cost
la cuisine : cooking, food
découvrir : to discover
dehors : outside
l'endroit (m) : place
étranger/étrangère : foreign
étroite(e) : narrow
la forêt : forest
formidable : great, amazing
l'île (f) : island
le lieu : place
le logement : accommodation
manquer : to miss
la mer : sea
le moyen : means
nager : to swim
nombreux (-euses) : numerous
ouvert(e) : open
le paysage : scenery, landscape
la pluie : rain
profiter de : to make the most of
propre : clean
la région : region
réserver : to book
rester : to stay
la rivière : river
le séjour : stay
se souvenir (de) : to remember
surprendre : to surprise
le temps : weather
le tourisme : tourisme
tranquille : quiet
les vacances (f) : holiday(s)
la valise : suitcase
vieux/vieille : old
visiter : to visit
le vol : flight
le voyage (m) : journey
voyager : to travel
la vue : view

1. Match up

côte	flight
mer	ticket
lieu	island
vol	coast
billet	stay
île	plane
avion	sea
séjour	meal
vue	rain
repas	place
pluie	wind
vent	view

2. Correct the wrong English translations

a. sur la côte : in the mountains

b. un pays étranger : a foreign coin

c. sortir le soir : to party at night

d. un bel endroit : a beautiful object

e. traverser la mer : to cross the river

f. rêver de partir : to dream of visiting

g. un hôtel cher : a cheap hotel

h. une île française : a French city

3. One of three – circle the right answers

dehors	inside	outside	beyond
lieu	lake	place	town
coûter	to pay	to buy	to cost
pluie	snow	rain	sun
pays	region	country	city
séjour	stay	place	rest
temps	weather	rain	tempo
étroit	long	wide	narrow
vieux	young	view	old
vol	river	flight	journey
passer	to go	to buy	to spend

4. Spot and translate the <u>verbs</u> on the list below

a. rivière

b. sortir

c. traduire

d. étranger

e. surprendre

f. propre

g. perdre

h. découvrir

5. Complete the translations

a. Le paysage est très beau : The _________ is very beautiful.

b. On est allés à l'étranger : We went ___________.

c. J'ai profité de mes vacances : I ________________ of my holidays.

d. La meilleure chose, c'était… : The _____________ thing was…

e. Le vol a été long : The _________ was long.

f. Les magasins étaient ouverts : The shops were ___________.

g. Les plages étaient propres : The beaches were ____________.

h. On a choisi un bel hôtel : We _________ a beautiful hotel.

i. L'île était très tranquille : The ____________ was very quiet.

j. La vue était formidable : The ____________ was amazing.

k. Notre séjour était assez court : Our _________ was quite short.

6. Match the opposites

cher	mauvais
acheter	long
beau	bon marché
froid	s'ennuyer
partir	trouver
court	vendre
s'amuser	sale
propre	chaud
perdre	arriver

7. Circle the correct option

a. J'ai *parti/passé/bu* de bonnes vacances.

b. J'ai *voyagé/passé/acheté* des souvenirs.

c. Il *faisait/sortait/vendait* beau.

d. On a *venu/choisi/resté* un bel hôtel.

e. Le voyage a *été/eu/venu* long et ennuyeux.

f. On est *mangé/sortis/dormi* tous les soirs.

g. J'ai *joué/perdu/passé* ma valise.

h. Je me suis beaucoup *acheté/amusé/ri*.

i. On a *sorti/essayé/passé* la cuisine locale.

8. Missing letters

a. chau_ (hot)

b. pa_s (country)

c. h_tel (hotel)

d. vu_ (view)

e. c_te (coast)

f. rivi_re (river)

g. cour_ (short)

h. pla_e (beach)

I. repa_ (meals)

9. Unjumble the words and translate

a. entv : vent wind

b. eaub : ________ ________

c. hcre : ________ ________

d. praess : ________ ________

e. erm : ________ ________

f. vaoni : ________ ________

g. edprre : ________ ________

h. lîe : ________ ________

10. Break the flow. Insert lines where there should be gaps

a. LederniervolenMartiniqueaétélongetennuyeux.

b. OnachoisiunhôteldeluxeauborddelameràCannes.

c. Jemesuisrelaxéenmereposantsurlabelleplageformidable.

d. Ilafaitbeautouslesjourssaufunjouroùilaplubeaucoup.

e. OnapassénosgrandesvacancesàlamontagneenSuisse.

f. Onavoyagéenavionetpuisonalouéunepetitevoiture.

g. Lepirec'étaitletempscarilaplupresquetouslesjours.

h. Leséjouraétécourtmaistrèsagréablecarjemesuisbienrelaxé.

11. Complete with the correct verb from the ones in the grid

a. J'ai ________ en avion.

b. Le séjour a __________ court.

c. J'ai __________ des lieux formidables.

d. Il __________ beau.

e. On a __________ un bel hôtel.

f. J'ai __________ ma valise.

g. J'ai perdu et __________ mon passeport.

h. J'ai __________ dans la mer.

i. On a __________ des souvenirs.

j. Je me suis __________ sur la plage.

k. Je suis allé __________ tous les soirs.

l. Je n'ai pas __________ d'alcool.

bu	faisait	perdu	choisi
découvert	acheté	été	danser
retrouvé	voyagé	relaxé	nagé

12. Translate into English (on separate paper)

a. Le train est plus propre que l'avion.

b. J'adore voyager en train parce que c'est si rapide.

c. Faire du vélo est meilleur pour la santé.

d. Malgré la pollution, la voiture est très pratique.

e. Les transports publics sont rapides et à l'heure.

f. J'ai parlé beaucoup en visitant la France.

g. On peut y faire des promenades en montagne.

h. J'ai l'intention de rester en Angleterre cette année.

i. Il y avait une belle vue sur la mer.

j. J'ai découvert des petites rues et des restaurants.

k. J'espère retourner en France l'année prochaine.

l. Ce que j'aime le plus, c'est quand il fait beau.

m. J'aimerais visiter l'Australie un jour.

n. Je n'oublierai jamais ces vacances.

o. On a logé dans un hôtel au bord de la mer.

Higher reading

1. **Read this article about a museum in Guadeloupe, a French island in the West Indies.**

> Ouvert en 2015, l'idée du Mémorial ACTe est née en 2004. Le musée offre une visite très appréciée par les Français de l'île et les touristes étrangers. Il explique l'histoire de la traite des esclaves* dans la région. Le musée a été construit sur le site d'une ancienne usine de sucre. Dans le musée vous finirez par apprendre la vraie histoire des Africains noirs vendus en Guadeloupe – leur voyage en mer, leur travail et leur vie. C'est une histoire qui vous rendra sans doute triste. Le musée est ouvert tous les jours, sauf le lundi.
>
> * traite des esclaves = slave trade

    a. When did the idea for the museum appear?   ....

    b. What had the site of the museum been before? ....

    c. What **three** aspects of the slaves' experience are explained?

       ....

    d. When is the museum open?   ....

2. **Read Leila's message to a friend.**

> Je crois que les vacances sont importantes car j'ai besoin de me reposer après des mois de travail. En ce moment je suis au bord de la mer, mon téléphone dans une main et une glace dans l'autre. Il y a six mois, je faisais des sports d'hiver dans les Alpes. Avant ça, c'était les châteaux de la Loire, et bientôt je serai chez ma tante à Paris.

Write P for something that happened in the past, N for something that is happening now, F for something that will happen in the future. Write the correct letter in each box.

a) Visiting castles   ☐   c) Sitting on a beach   ☐

b) Visiting an aunt   ☐   d) Doing winter sports   ☐

3. **Read what Guy says about his Easter holiday, then circle the best options and answer the question.**

> À Pâques, je suis allée à La Rochelle avec ma famille. On a visité le grand marché du dimanche. On y a acheté des produits de la région. J'ai vu un joli T-shirt que je n'ai pas acheté. Au vieux port, j'ai mangé des fruits de mer, et mon frère une pizza. Nous avons fait les magasins, puis, au lieu de marcher, nous sommes allés au restaurant en prenant un bateau électrique. J'avoue que j'adore cette ville. Il y a tellement de choses à faire. En plus, il faisait beau ce jour-là, et au **crépuscule**, quand le soleil se couchait, la vue était formidable.

    1. At the market Guy bought: a) local produce   b) clothes   c) seafood

    2. At the harbour he ate…   a) pizza   b) fruit   c) seafood

    3. They went to the restaurant…   a) on foot   b) by boat   c) taxi

    4. How would you translate the word *crépuscule*?   ....

Higher reading

4. **Read this article about tourist destinations in Morocco, North Africa.**

> **La médina de Marrakech**
> Avec ses rues étroites, ses marchés et la place Jemaa el-Fna, il ne faut pas manquer la médina. On peut se reposer dans des petits jardins calmes. Les bâtiments traditionnels et la cuisine locale sont très appréciés par les visiteurs.
>
> **Chefchaouen**
> À la 'ville bleue' du Rif, on peut regarder des maisons bleues très jolies. Perdez-vous dans ses petites rues tranquilles. On y sent l'histoire de la région ! Découvrez les gens qui y travaillent dans leurs magasins, et buvez leur thé.
>
> **Les dunes de Merzouga**
> Offrez-vous une expérience à ne pas oublier ! Traversez le Sahara en **chameau**, au coucher du soleil. Passez la nuit sous la tente. C'est loin d'être très confortable, mais il faut le faire une fois dans sa vie !

   a. What is said about the streets in the Medina? ....

   b. What do visitors like? Mention **two** details. ....

   c. How are the Chefchaouen houses described? ....

   d. What can you do with the shop owners? ....

   e. How would you translate *chameau*? ....

   f. Describe the accommodation. Mention **two** details. ....

5. **Read what Muriel says about her holiday in Brittany, France.**

> Pendant une semaine, j'ai eu la chance de découvrir la Bretagne, ma région préférée de la France. Mes vacances ont commencé par un voyage en train, qui m'a permis d'admirer les paysages du nord de la France. Notre logement en Bretagne, c'était une maison de campagne à deux étages, avec des champs autour.
>
> Pendant mon séjour, j'ai exploré les villes au bord de la mer et des marchés vendant des produits locaux. J'ai découvert des petits restaurants qui servaient du poisson frais et des fruits de mer. Un jour, après avoir visité un château, j'ai fait une longue promenade à vélo. Ce qui m'a surpris, c'est qu'il n'y avait pas de pluie ! Je n'oublierai jamais ces vacances.

   a. What did she do during her train journey? ....

   b. What was the house like? Mention **two** details. ....

   c. What did she eat? Mention **two** details. ....

   d. When did she do the bike ride? ....

   e. What surprised her? ....

Higher reading

6. **Read this article about tourism in the Gaspésie region of Quebec.**

> La Gaspésie, une belle région du Québec, est visitée par beaucoup de touristes chaque année. Située à l'est du Québec, cette région offre de nombreuses activités pour tous les goûts. En été, on peut profiter des belles plages et des promenades à pied en montagne, offrant des vues formidables. On peut également découvrir la vie naturelle sur les côtes. On y trouve des groupes de gros **phoques** qui se reposent sur les plages.
>
> Le climat change énormément d'une saison à l'autre, avec des étés assez chauds et des hivers très froids. En hiver, la Gaspésie devient toute blanche. À cette période, les sports d'hiver sont populaires. Quelle que soit la période de l'année, la Gaspésie offre des expériences uniques à ses visiteurs, les invitant à apprécier la beauté naturelle et la richesse culturelle de cette région.
>
> * pêche = fishing

    a.   Where is the Gaspésie region? ....

    b.   Mention **two** things you can do in the summer. ....

    c.   How would you translate the word *phoque*? ....

    d.   What is said about the climate in general? ....

    e.   According to the last sentence, what can visitors enjoy? Mention **two** details.

        ....

7. **Read this advert for a holiday home in the Alps.**

> Appartement à vendre dans un petit immeuble ancien juste en dehors de Chamonix. Au troisième étage avec vue sur les montagnes.
> Beaucoup de place, avec quatre pièces, mais attention !
> Il faut penser à faire des travaux.
>
> Idéal pour famille peu nombreuse. Boulangerie, épicerie et pharmacie à 200 mètres. Gare à 20 minutes en voiture.
>
> Nous vendons cet appartement suite à la mort de nos grands-parents.

    a.   Where is the apartment? Mention **three** details. ....

        ....

    b.   What should buyers keep in mind? ....

    c.   Who would suit this apartment? ....

    d.   Why is the apartment being sold? ....

Grammar focus – adverbs

An **adverb** is a word that usually qualifies a verb, namely it provides additional information about how, where or when something occurs. For example, in the sentence: "He ate his breakfast quickly", the word "quickly" is an adverb because it tells us how he ate (the verb) his breakfast. Adverbs sometimes qualify other words, for example "very" is an adverb which qualifies an adjective, as in "very good".

An **adverbial phrase** is a group of words which act as an adverb, for example "by train", "at ten o'clock" or "in the corner".

Very often adverbs are formed from adjectives. When this happens, we often add *ment* to the feminine form of an adjective. Look at the examples below. If the adjective already has an *e* on the end, even in the masculine form, you do not need to add another *e*, for example *facile* (easy) becomes *facilement* (easily). Think of the *ment* as being *ly* in English.

Adjective	Adverb	Adjective	Adverb	Adjective	Adverb
lent(e) (slow)	lentement (slowly)	grave (serious)	gravement (seriously)	égal (equal)	également (equally, also)
rapide (quick)	rapidement (quickly)	actuel(le) (current)	actuellement (currently)	facile (easy)	facilement (easily)
heureux (-se) (happy)	heureusement (fortunately)	général(e) (general)	généralement (generally)	calme (quiet, calm)	calmement (quietly)

Many adverbs do not follow this pattern, as they are not linked to an adjective in this way or don't follow the rule above. Below is a list of common adverbs and adverbial phrases in the GCSE French word lists.

bien (well)	mal (badly)	toujours (always)	souvent (often)	quelquefois (sometimes)	évidemment (obviously)	énormément (enormously)
mieux (better)	vite (quickly)	aujourd'hui (today)	demain (tomorrow)	hier (yesterday)	bientôt (soon)	à l'avenir (in the future)
avant (before)	après (after)	tard (late)	en retard (late (for))	tôt (early)	déjà (already)	encore (still, again)
récemment (recently)	maintenant (now)	en ce moment (now)	presque (nearly)	surtout (especially)	loin (far)	près (near)
longtemps (a long time)	même (even)	là (there)	là-bas (over there)	ensuite (then)	assez (quite, enough)	beaucoup (a lot, many)

Adverbial phrases often include a preposition, for example *à la piscine, **dans** le magasin, **derrière** la gare*.

Spot the adverbs

In the sentences below underline any words or groups of words which are adverbs or adverbial phrases. Careful! There may be more than you think!

a. Je recycle régulièrement des déchets.	g. Heureusement il y a assez de petits magasins.
b. Maintenant je suis à la gare avec mes amis.	h. En général on va en ville à vélo ou à pied.
c. Je suis arrivée au collège en retard.	i. Demain soir je vais rentrer assez tard chez moi.
d. L'église est là-bas, en face du marché.	j. Le grand château est loin d'ici, à la campagne.
e. Il y a beaucoup de magasins ici à La Rochelle.	k. Demain je vais à Paris en train à dix heures.
f. Samedi, il va vite visiter le vieux marché.	l. J'adore la ville, surtout le marché sur la place.

1. Match up – time adverbs

souvent	never
toujours	late
jamais	often
quelquefois	after
tard	always
en retard	sometimes
tôt	yesterday
ensuite	late (for)
récemment	before
demain	early
hier	then
actuellement	recently
avant	tomorrow
après	now

2. Complete with a suitable adverb

a. H__________ j'ai pris le bus pour aller en ville.

b. Je vais s_________ en ville à vélo a________ le déjeuner.

c. Q_________ je préfère voyager en avion.

d. Je ne prends j_________ l'avion pour protéger la planète.

e. On a fait nos valises, e________ on est allés à l'aéroport.

f. A_______ de visiter le musée, j'ai acheté les billets en ligne.

g. A_______ être arrivés, nous sommes allés à la plage.

h. Nous sommes arrivés très t_______ pour le vol.

i. Nous allons t_______ en vacances à l'étranger.

j. À cause du trafic, je suis arrivée à la gare en r_______.

k. A_________ je suis en train de réserver mes billets d'avion

3. Adverbs from adjectives – complete the list

a. actuel : actuellement

b. rapide : _________________

c. récent : _________________

d. facile : _________________

e. général : _________________

f. normal : _________________

g. lent : _________________

h. large : _________________

i. régulier : _________________

j. direct : _________________

k. complet : _________________

l. probable : _________________

m. entier : _________________

n. absolu : _________________

o. extrême : _________________

p. heureux : _________________

q. certain : _________________

r. final : _________________

4. Translate into English

a. bien __________

b. mieux __________

c. mal __________

d. pire __________

e. encore __________

f. déjà __________

g. même __________

h. après __________

i. près __________

5. Add the missing letters

a. l _ _ t _ _ _ _ _ (slowly)

b. _ _ c _ le _ _ _ t (easily)

c. _ ou _ our _ (always)

d. _ u _ l _ f _ _ _ (sometimes)

e. _ ct _ e _ _ em _ _ t (now)

f. av _ _ t (before)

g. a _ j _ _ rd' _ ui (today)

h. _ ie _ (yesterday)

i. _ êm _ (even)

j. r _ ce _ _ ent (recently)

k. l _ _ g _ _ m _ s (a long time)

l. b _ _ nt _ t (soon)

m. _ l' _ v _ n _ r (in the future)

n. _ _ m _ is (never)

o. _ a _ nt _ _ ant (now)

p. _ e _ ain (tomorrow)

q. _ i _ e (fast)

r. mi _ _ x (better)

6. Add the vowels and translate

a. g _ n _ r _ l _ m _ nt : _____________

b. _ bs _ l _ m _ nt : _____________

c. r _ l _ t _ v _ m _ nt : _____________

d. _ xtr _ m _ m _ nt : _____________

e. _ pp _ r _ mm _ nt : _____________

f. _ v _ d _ mm _ nt : _____________

g. p _ rf _ _ t _ m _ nt : _____________

h. h _ _ r _ _ s _ m _ nt : _____________

i. c _ rt _ _ n _ m _ nt : _____________

7. Translate into French

a. yesterday ____________

b. tomorrow ____________

c. sometimes ____________

d. after ____________

e. now ____________

f. before ____________

g. already ____________

h. there ____________

i. here ____________

j. then ____________

k. always __________

l. better __________

m. worse __________

n. fast __________

o. calmly __________

8. How, where or when? – circle the only possible answer

a. Quand est-ce tu vas partir en Martinique ?   demain/vite/déjà

b. Comment es-tu allé à Londres ?   hier/en avion/souvent

c. Où est-ce que tu es allé en vacances l'an dernier ?   toujours/à l'étranger/demain

d. Comment est-ce que tu préfères voyager ?   récemment/déjà/en train

e. Tu pars pour la Suisse quand ?   dans deux jours/hier matin/lentement

f. Tes parents vont où en vacances cette année ?   en voiture/à Londres/vite

g. Vous passerez longtemps à Rome ?   trois jours/en avion/quelquefois

h. Tu iras comment à Manchester ?   demain/rapidement/à 2 heures

i. Tu aimes voyager en avion ?   un peu/rapidement/récemment

9. Translate into French (easier)

a. I fly a lot.

____

b. I travel to London often.

____

c. We never go to Spain.

____

d. I have already bought a ticket.

____

e. Every Monday I walk to work.

____

f. Last week I visited the market.

____

g. Recently she went to Paris by plane.

____

10. Translate into French (harder) (on separate paper)

a. In the summer we often travel to Spain by car.

b. I have been going to Scotland for ten years.

c. After visiting Nice, we went to Paris by train.

d. Sometimes I prefer to arrive quickly at my destination.

e. Have you already visited Switzerland by train?

f. Currently we hope to visit France next year.

g. By car I can travel directly to my destination.

h. Fortunately the weather was good in Scotland last year.

i. I never travel abroad by plane.

j. Do you regularly fly to London or take the car?

k. We always like to visit new countries.

l. Before going to Montreal, I shall book tickets online.

m. Often, we stay in England, even if the weather is bad.

n. Next year I shall probably not go on holiday.

Preparing for speaking and writing

<table>
<tr><td colspan="2">1. Split sentences</td></tr>
<tr><td>L'hôtel était</td><td>publics sont très bons.</td></tr>
<tr><td>Je voyage</td><td>suis allé au Canada.</td></tr>
<tr><td>Je vais</td><td>très beau, mais cher.</td></tr>
<tr><td>Je préfère les</td><td>vacances au bord de la mer.</td></tr>
<tr><td>L'été dernier je</td><td>prendre le vélo.</td></tr>
<tr><td>Les transports</td><td>en avion.</td></tr>
<tr><td>Je préfère</td><td>d'aller à l'étranger.</td></tr>
<tr><td>J'aime découvrir</td><td>à l'école en bus.</td></tr>
<tr><td>Mon rêve c'est</td><td>la cuisine d'autres pays.</td></tr>
</table>

2. Broken words

a. vac_ _ _ _ _ (holidays)

b. moy_ _ de transport (means of transport)

c. d_ _ ouvrir (to discover)

d. à la camp_ _ _ _ (in the countryside)

e. l_ _ _ment (accommodation)

f. l_ _er une voi_ _ _ _ (to rent a car)

g. _ _ sser une sem_ _ _ _ (to spend a week)

h. per_ _ _ une val_ _ _ (to lose a suitcase)

i. ess_ _ _ _ la cuisine locale (to try local food)

j. au b_ _ _ de l_ m_ _ (by the seaside)

3. Complete the French translation

a. L'__________ dernière je suis allée en _________ : Last year I went to Spain.

b. J'ai __________ en avion et puis j'ai ________ un vélo : I travelled by plane and then I rented a bike.

c. On a __________ un hôtel pas cher au ________ de la mer : We chose a cheap hotel by the seaside.

d. Le matin je suis __________ à la __________ : In the morning I went to the beach.

e. J'ai __________ dans la mer et j'ai __________ mon livre : I swam in the sea and I read my book.

f. Je me suis ___________ en faisant de longues ___________ : I relaxed by going for long walks.

g. Le soir je suis __________. Je suis allée __________ : In the evening I went out. I went dancing.

h. J'ai ________ la cuisine locale, qui était très __________ : I tried the local cuisine which was very good.

i. Mon _________ c'est d'________ aux Etats-Unis : My dream is to go to the USA.

4. Tangled translation – translate the English bits

a. *I went* en vacances : Je suis allé(e)

b. De *good holidays* : ______________

c. Voyager *by boat* : ______________

d. Nager dans *the river* : ______________

e. Un *accommodation* cher : ______________

f. *To choose* un appartement : ______________

g. Une *view* formidable : ______________

h. Des endroits *historic* : ______________

i. *To spend* une semaine : ______________

j. Je me suis *relaxed* : ______________

k. J'ai *visited* un musée : ______________

5. Complete the answers to the questions

a. Où es-tu allé en vacances l'année dernière ?
b. Je suis a_ _ _ _ au Maroc avec m_ famille.

a. Comment as-tu voyagé ?
b. J'_ _ voyagé en a_ _ _ _.

a. Où as-tu logé ?
b. J'ai logé d_ _ _ un hôtel au bord de la m_ _.

a. C'était comment ?
b. C'était t_ _ _ sympa. Mais il faisait trop c_ _ _ _.

a. Qu'est-ce que tu as fait ?
b. J'ai n_ _ _ dans la mer et je me suis r_ _ _ _ _.

a. Qu'est-ce que tu as vu d'intéressant ?
b. J'ai vu des animaux et des l_ _ _ _ historiques.

6. Complete each sentence with a suitable past participle

a. J'ai _____________ en avion.

b. J'ai _____________ des billets.

c. J'ai _____________ des lieux historiques.

d. J'ai _____________ la cuisine locale.

e. J'ai _____________ cinq jours au Japon.

f. Je me suis _____________ sur la plage.

g. J'ai _____________ dans la mer.

h. J'ai _____________ de longues promenades.

i. J'ai _____________ le train et le bus.

j. Je suis _____________ à dix heures.

7. Sentence puzzle – re-order the words

a. en vacances Je allé suis

____

b. dans J'ai un logé hôtel

____

c. visiter des J'aime touristiques endroits

____

d. Je la montagne préfère aller à

____

e. deux semaines J'ai passé en Angleterre

____

f. des J' pays visiter aime étrangers

____

8. Correct the mistakes in the bits underlined

a. J'ai resté dans un hôtel trois étoiles.

b. J'ai voyage a velo et en train.

c. L'année dernière je vais aller au Canada.

d. D'habitude, je vais au ecole en autobus.

e. J'ai sorti avec mes amis tous les soirs.

f. Je suis relaxé en écoutant de la musique à la plage.

g. L'annee prochaine j'ai allée en France.

h. On a essayé la cuisine local.

9. Add the missing accents

a. Je suis alle a la plage a velo.

b. J'aime visiter des pays etrangers.

c. Je vais au college a velo chaque jour.

d. J'ai loge dans un bel hotel pres de la plage.

e. Je me suis repose longtemps a la plage.

f. J'ai ecoute ma musique dans la voiture.

g. Je prefere aller a la montagne en general.

h. J'ai deja parle francais en vacances.

10. Translate into French

a. I often like to take the train and the plane. _________________________

b. I prefer the train because it is fast and clean. _________________________

c. The plane is bad for the environment. _________________________

d. Yesterday I went to the seaside by car. _________________________

e. I usually go to school on foot. _________________________

f. Fortunately we do not need a car. _________________________

g. Near my home there are shops and hotels. _________________________

h. There was an amazing view of the sea. _________________________

i. I discovered little streets and restaurants. _________________________

j. I hope to return to France next year. _________________________

Writing and speaking from a photo card

Write something about both of these photos. Write about who you see, where they are and what they are doing. Read out your description.

....

....

....

....

....

....

Answer the following questions related to this topic. Read out your answers.

1. Quel moyen de transport préfères-tu ? Pourquoi ?

   ....

   ....

2. Comment vas-tu à l'école chaque jour ?

   ....

3. Que penses-tu des transports publics dans ta ville ou ta région ?

   ....

   ....

4. Quelle sorte de vacances est-ce que tu préfères ? Explique.

   ....

   ....

   ....

5. Qu'est-ce que tu **as fait** l'été dernier pendant les vacances ?

   ....

   ....

   ....

   ....

Speaking in a role-play

Look at the instructions on the left as they would appear in a speaking test. Read aloud with a partner the dialogue on the right. Then do the dialogue a second time, changing the answers or questions in bold. Take turns playing the two roles.

Foundation – at the hotel reception

<table>
<tr><td>

1. Describe a problem in your room.
2. Say where your room is.
3. Say how many nights you are staying.
4. Say what you think about the hotel.
5. Ask a question about restaurants near the hotel.

</td><td>

1. Je peux vous aider ?

   J'ai un problème avec la télé.
2. Désolé. Où est votre chambre ?

   Au deuxième étage.
3. Vous restez combien de nuits ?

   Trois (nuits).
4. Que pensez-vous de l'hôtel ?

   C'est cher !
5. Vous avez une question ?

   Il y a un restaurant italien près de l'hôtel ?

</td></tr>
</table>

✄ ....

Higher – at the tourist office   (Where you see ...., make up a short answer as an examiner.)

<table>
<tr><td>

1. Say why you have come to the tourist office.
2. Say when you arrived in the town.
3. Describe something you have done already.
4. Ask a question about the town.
5. Ask another question about the town.

</td><td>

1. Bonjour, je peux vous aider ?

   Je voudrais des informations sur le festival de musique.
2. Vous êtes arrivé quand dans la ville ?

   (Je suis arrivé(e)) samedi dernier.
3. Qu'est-ce que vous avez fait déjà ?

   J'ai visité le vieux château.
4. Vous avez une question ?

   Il y a un cinéma au centre-ville ?

   …
5. Vous avez une autre question ?

   On peut aller à la piscine ici ?

   …

</td></tr>
</table>

Foundation writing

Write approximately <u>50 words</u> in French. Mention all points. Refer to the language in this unit, for example the Foundation Sentence Bank, or do the task in 'exam conditions', without help. Or do both!

• What means of transport you prefer   • What you think of trains   • What type of holidays you like
• What you are doing this summer   • What you think of camping

1. ....

2. ....

3. ....

4. ....

5. ....

Using your knowledge of grammar, complete the sentences below, choosing one of the three options given.

1   Cet été nous .... en Angleterre (restez/restons/reste).

2   Ma mère .... le train chaque jour (prend/prends/prennent).

3   Le week-end dernier j'ai .... un château (visite/visites/visité).

4   J'ai vu un .... monument (vieux/vieil/vieille).

5   Ma mère aime .... en avion (voyage/voyagez/voyager).

Foundation/Higher writing

Write approximately <u>90 words</u> in French. You must refer to each bullet point.

• Holidays you like   • What you did last summer on holiday   • Where you would like to travel in the future

....

....

....

....

....

....

....

Higher writing

On paper, write approximately 150 words about travel. Cover both bullet points. Refer to the language in this unit, for example the Higher Sentence Bank, or do the task in 'exam conditions', without help. Or do both!

• The advantages and disadvantages of travelling by plane
• A long journey you made somewhere in the past

Foundation sentence bank

J'aime prendre le train et l'avion.	I like to take the train and the plane.
Je préfère le train parce que c'est rapide et propre.	I prefer the train because it is fast and clean.
L'avion est mauvais pour l'environnement.	The plane is bad for the environment.
Je **suis allé(e)** au bord de la mer en voiture.	I **went** to the seaside by car.
Je vais à l'école à pied.	I go to school on foot.
On n'a pas besoin d'une voiture.	We do not need a car.
Près de la plage il y a des magasins et des hôtels.	Near the beach there are shops and hotels.
Le tourisme est mauvais pour l'environnement.	Tourism is bad for the environment.
L'année dernière je **suis allé(e)** en France.	Last year I **went** to France.
L'été prochain je **vais rester** en Angleterre.	Next summer I **am going to stay** in England.
J'aime les vacances au bord de la mer.	I like holidays by the seaside.
Pendant les vacances j'**ai acheté** des souvenirs.	During the holidays I **bought** some souvenirs.
J'aime la campagne parce que c'est calme.	I like the countryside because it is quiet.
Je préfère les vacances à l'étranger.	I prefer holidays abroad.

✂ ....

Higher sentence bank

Le train est toujours **plus** propre **que** l'avion.	The train is always **cleaner** than the plane.
J'adore voyager en train parce que c'est **si** rapide.	I love travelling by train because it's **so** fast.
Faire du vélo est **meilleur** pour la santé.	Cycling is better for health.
Malgré la pollution, la voiture est très pratique.	**Despite** the pollution, the car is very practical.
Les transports publics sont rapides et à l'heure.	Public transport is fast and on time.
J'ai parlé beaucoup **en visitant** la France.	I spoke a lot **while visiting** France.
On peut **y** faire des promenades en montagne.	You can do walks in the mountains **there**.
J'**ai l'intention de** rester en Angleterre cette année.	I **intend** to stay in England this year.
Il y avait une belle vue sur la mer.	There was a good view of the sea.
J'**ai découvert** des petites rues et des restaurants.	I **discovered** little streets and restaurants.
J'**espère retourner** en France l'année prochaine.	I **hope to return** to France next year.
Ce que j'aime **le plus**, c'est quand il fait beau.	**What** I like **most** is when the weather is good.
J'**aimerais** visiter l'Australie un jour.	I **would like** to visit Australia one day.
Je **n'oublierai jamais** ces vacances.	I **shall never forget** those holidays.

UNIT 5

Free time activities

Contents

- **Foundation vocab building**
- **Foundation reading**
- **Higher vocab building**
- **Higher reading**
- **Grammar focus – Imperfect Tense**
- **Preparing for speaking and writing**
- **Writing and speaking from a photo card**
- **Speaking in a role play**
- **Writing**
- **Sentence banks**

Foundation vocab building

Vocabulary

actif/active : energetic
apprendre : to learn
l'auteur(e) (m/f) : author
chanter : to sing
le cinéma : cinema
le concert : concert
le copain : (male) friend
la copine : (female) friend
courir : to run
les courses (f) : shopping
danser : to dance
écouter : to listen
l'écran (m) : screen
écrire : to write
également : also
en ligne : online
essayer (de) : to try
l'équipe (f) : team
faire : to do
le groupe : group, band
l'instrument (m) : instrument
s'intéresser : to be interested
l'intérêt (m) : interest
le jeu (vidéo) : (video) game
la lecture : reading
lire : to read
le livre : book
le match : match
le/la membre : member
la musique : music
la natation : swimming
participer (à) : to take part (in)
passer : to spend (time)
passionnant(e) : exciting
perdre : to lose
la promenade : walk
quelquefois : sometimes
regarder : to watch
le roman : novel
le shopping : shopping
sortir : to go out
souvent : often
le stade : stadium
tchatter : to chat
télécharger : to download
la télé(vision) : television
le théâtre : theatre
toujours : always
trop : too much, too many
le vélo : bicycle

1. Match up

nager (1)	to dance
jouer	to play
lire	to lose
courir	to listen
apprendre	to swim (1)
télécharger	to read
perdre	to do
faire	to watch
regarder	to learn
écouter	to run
danser	to download

2. Correct the wrong translations

a. J'aime chanter : I like to run

b. J'aime lire : I like to swim

c. J'aime écrire : I like to write

d. J'aime jouer : I like to do

e. J'aime apprendre : I like to take

f. Je perds souvent : I often lose

g. Je cours souvent : I often run

h. Je danse un peu : I dance a bit

i. Je nage souvent : I often go out

3. One of three – circle the right answer

jeu	*joke*	*game*	*match*
écrire	*to read*	*to write*	*to draw*
vélo	*bike*	*scooter*	*car*
livre	*novel*	*card*	*book*
lire	*to write*	*to look*	*to read*
portable	*mobile*	*table*	*porter*
roman	*poem*	*paper*	*novel*
perdre	*to win*	*to lose*	*to play*
stade	*stadium*	*state*	*step*
gagner	*to win*	*to lose*	*to play*

4. Tick words that refer to technology

a. portable

b. natation

c. télécharger

d. ordinateur

e. stade

f. en ligne

g. promenade

h. écran

5. Complete the translation

a. Je regarde une émission : I watch a _____________.

b. Je fais du vélo : I go _____________.

c. Je télécharge de la musique : I _____________ music.

d. Je lis un roman : I'm reading a _____________.

e. Je passe une heure en ligne : I spend an hour _____________.

f. Je sors avec mon copain : I _____________ with my boyfriend.

6. Translate into English

Francais	English	Francais	English
toujours		perdre	
souvent		passer	
quelquefois		nager	
jamais		lire	

7. Sentence puzzle – put the words in each sentence in the right order

a. portable joue tous Je mon les sur jours. [I play on my mobile phone every day.]
____

b. Je beaucoup ne de pas sport fais. [I don't do a lot of sport.]
____

c. passe Je deux internet par jour heures sur. [I spend two hours per day on the internet.]
____

d. J' promenades le aime ou parc faire courir des dans. [I like to go for walks or to run in the park.]
____

e. l'école, je mon Souvent, après sors avec copain . [Often, after school, I go out with my boyfriend.]
____

f. vélo Mon préféré du passe-temps faire c'est. [My favourite hobby is to go cycling.]
____

g. regarde des émissions de musique films Je des et. [I watch films and music programmes.]
____

8. Complete with the correct option

a. Je _____________ des films d'horreur.

b. Je _____________ du vélo.

c. Je _____________ aux jeux vidéo.

d. Je _____________ une heure sur TikTok.

e. Je _____________ au téléphone.

f. Je _____________ avec ma copine.

g. Je _____________ au centre commercial.

h. Je _____________ un roman.

| fais |
| parle |
| vais |
| joue |
| lis |
| sors |
| passe |
| regarde |

9. Translate into English

a. Je vais au stade.
____

b. Je passe une heure.
____

c. Je fais du sport.
____

d. Je regarde une émission.
____

e. J'écoute une chanson.
____

f. Je sors avec mes amis.
____

10. Tick all the words with negative meaning

a. beau

b. sympa

c. ennuyeux

d. affreux

e. amusant

f. mauvais

g. dangereux

h. perdre

i. nul

j. mal

k. bien

11. Translate into English (on separate paper)

a. J'aime le football et la musique. Ma musique préférée, c'est le hip-hop.

b. Mon passe-temps préféré est la lecture. J'adore les romans policiers.

c. Je joue de la guitare et du piano. En plus, j'aime dessiner.

d. Je ne joue pas d'un instrument de musique. Mais je voudrais apprendre.

e. Quand il fait beau, je fais du vélo à la campagne.

f. J'aime faire des courses avec mes amis.

g. J'adore jouer à la console de jeux avec des copains.

h. Hier soir j'ai regardé une série à la télé. C'était génial.

i. J'aime faire la fête avec mes amis. J'adore danser !

j. Le week-end dernier j'ai joué sur mon ordinateur pendant 10 heures !

k. Le weekend prochain je vais aller chez ma copine Martine.

Foundation reading

1. **Read these comments from young people about their free time activities.**

> **Perrine**
> J'adore la lecture. J'ai toujours un roman à lire. Le week-end j'aime sortir avec mes copines. On va au cinéma quelquefois.
>
> **Victor**
> Mon passe-temps préféré, c'est faire du vélo. Je sors tous les dimanches avec des amis. J'aime aussi jouer à des jeux d'ordinateur.
>
> **Fateha**
> Je n'ai pas beaucoup de passe-temps, mais j'aime parler avec mes amies, et le samedi matin je joue pour une équipe de football.

Who says what? Put a cross in the correct column for each question.

Who says this?	Perrine	Victor	Fateha
a. They play for a team on Saturdays.			
b. They enjoy reading.			
c. They go cycling.			
d. They do not have many pastimes.			
e. They play computer games.			
f. They go out to watch a film.			

2. **Read what Frank says about how he spends his free time.**

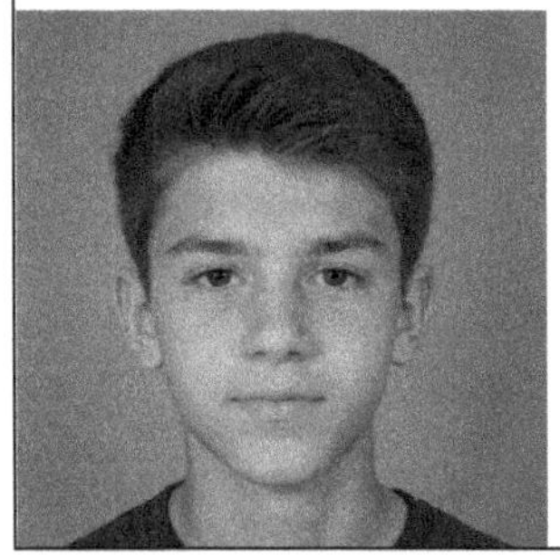

Je regarde un match de foot au stade. Mon équipe ne joue pas bien, mais j'aime être avec mon copain, Paul. Le week-end j'aide ma grand-mère qui travaille dans son jardin. Quelquefois je vais en ville avec mon frère ou je sors avec mes amis. Samedi matin je travaille aussi dans un café. Je vends des glaces.

Complete the gap in each sentence using a word from the box below. There are more words than gaps.

> well   kitchen   coffee
> ice-creams   badly   garden

a. Frank's team plays ………………

b. His helps his grandmother in the ………………..

c. On Saturday mornings he sells ………………

Foundation reading

3. **Read what these people say about computer gaming.**

> **Amandine**
> Pour moi les jeux d'ordinateur sont très importants dans ma vie. Chaque jour je joue en ligne pendant deux heures.
>
> **Mohamed**
> Je joue à des jeux quelquefois, et j'aime bien ça. Je pense que les jeux sont pour les gens paresseux.
>
> **Aymeric**
> Je pense que les gens passent trop de temps sur l'ordinateur. Il faut sortir plus souvent et faire du sport.
>
> **Hélène**
> À mon avis, les jeux d'ordinateur sont mauvais pour la santé. Rester devant un écran pendant des heures n'est pas bien.

If the person has a positive opinion put P in the box. If they have a negative opinion put N in the box. If they express both a positive and negative opinion put P/N in the box.

Amandine ☐   Mohamed ☐   Aymeric ☐   Hélène ☐

4. **Sandrine is talking about her favourite sport.**

> Mon sport préféré est la natation. Je vais à la piscine avec une amie le dimanche matin. Je nage pendant une heure chaque fois. C'est un sport très sain.
>
> J'ai commencé à nager très jeune. J'ai appris avec ma tante. C'est également un sport très utile. Par exemple, si vous êtes en mer, c'est moins dangereux, si on sait nager.

Tick the best answer in each case, then answer the last question in English.

1.	Sandrine's favourite sport is:	a) horse-riding	b) running	c) swimming
2.	She does this:	a) Sunday mornings	b) on Saturday	c) Sunday afternoons
3.	She says the sport is:	a) tiring	b) healthy	c) expensive
4.	She began the sport:	a) a year ago	b) very young	c) recently
5.	She learned with:	a) her mother	b) her uncle	c) her aunt

Why does she say about the usefulness of the sport? Mention **two** details.

....

Foundation reading

5. Read about football in Togo, Africa.

Le football est une grande passion des jeunes au Togo. Le jeu se joue partout. Les enfants commencent à jouer très jeunes. Pour beaucoup d'adolescents au Togo, le football n'est pas seulement un passe-temps, c'est un style de vie. Cela réunit les gens. Beaucoup de jeunes veulent jouer pour une grande équipe. Les filles jouent beaucoup au football, mais moins souvent.

a. Where do young people play? ....

b. What is the social value of football in Togo? ....

c. What do many young people want? ....

d. What is said about girls' football? Mention **two** points.

....

6. Read what Quentin says about his favourite pastime.

Je passe beaucoup de temps à écrire des chansons. C'est assez difficile, alors j'utilise l'IA* pour m'aider quelquefois. Mes chansons sont différentes, pas comme les autres. Par exemple, le week-end dernier j'ai écrit une chanson sur un personnage dans un roman ! À l'avenir, au lieu d'écrire, je voudrais jouer dans un groupe.

* IA = AI (Artificial Intelligence)

a. What does Quentin do? ....

b. Why does he use AI? ....

c. What did he do last weekend? ....

d. What would he like to do in the future? ....

7. Read what Jennifer says about sport.

J'aime le sport. En ce moment, je fais du sport seule. J'ai commencé récemment à faire du vélo, j'aime bien ça. L'année dernière, j'ai joué au football dans une équipe de football pour filles. Mais il n'y a pas d'équipe pour filles dans mon nouveau collège. J'aimais aussi nager mais je n'avais pas assez de temps pour le faire. Je veux faire un autre sport d'équipe et, à l'université, je vais commencer à courir.

What does Myriam say about these sports? Write P for a sport she did in the past. N for a sport she does now, F for a sport she wants to do in the future.

a. Football ☐　　　b. Swimming ☐　　　c. Cycling ☐　　　d. Running ☐

Higher vocabulary building

Vocabulary

actif/active : energetic
appartenir à : to belong to
apprendre : to learn
l'auteur(e) (m/f) : author
le cinéma : cinema
le concert : concert
la console : games console
le copain : (male) friend
la copine : (female) friend
courir : to run
les courses (f) : shopping
dehors : outside
écouter : to listen
l'écran (m) : screen
également : also
en ligne : online
essayer (de) : to try
l'équipe (f) : team
faire : to do
le goût : taste
le groupe : group, band
handicapé(e) : disabled
s'intéresser (à) : to be interested in
l'intérêt (m) : interest
le jeu (vidéo) : (video) game
la lecture : reading
lire : to read
la natation : swimming
participer (à) : to take part (in)
passer : to spend (time)
la passion : passion, love
passionnant(e) : exciting
perdre : to lose
pratiquer : to play, practise
la promenade : walk
quelquefois : sometimes
la radio : radio
la recette : recipe
regarder : to watch
le roman : novel
se reposer : to relax
la série : series
sortir : to go out
le stade : stadium
télécharger : to download
la télé(vision) : television
le terrain : ground, pitch
le théâtre : theatre
toujours : always
trop : too much, too many

1. Match up

écran	song
ordinateur	novel
livre	online
portable	game
goût	shopping
jeu	reading
lecture	mobile phone
en ligne	taste
roman	interest
courses	book
intérêt	computer
chanson	screen

2. Correct the wrong translations

a. passer : to spend

b. apprendre : to understand

c. gagner : to learn

d. perdre : to lose

e. lire : to write

f. écrire : to read

g. sortir : to download

h. télécharger : to run

3. One of three – circle the right answers

goût	*taste*	*game*	*gust*
équipe	*team*	*match*	*pitch*
courir	*to shop*	*to run*	*to walk*
essayer	*to try*	*to mix*	*to say*
jeu	*team*	*match*	*game*
courses	*shops*	*shopper*	*shopping*
perdre	*to win*	*to lose*	*to run*
trop	*quite*	*too*	*many*
lire	*to read*	*to go*	*to run*
passer	*to run*	*to try*	*to spend*
nager	*to run*	*to nag*	*to swim*

4. Tick any verbs referring to physical activity

a. écouter

b. se promener

c. lire

d. nager

e. courir

f. regarder

g. se reposer

h. marcher

i. voir

5. Complete the translations

a. J'ai regardé une série : I watched a _____________.

b. Je n'ai rien fait : I did _____________.

c. Après l'école, je me repose : After school I _____________.

d. J'aime lire des romans : I enjoy reading _____________.

e. Il y a un terrain de sport ici : There is a _____________ here.

f. Je fais de la natation souvent : I go _____________ often.

g. Quelquefois je vais au théâtre : _____________ I go to the theatre.

h. Je passe des heures en ligne : I _____________ hours online.

i. J'aime les jeux de cartes : I like card _____________.

j. J'aime écouter de la musique sur mon portable : I like listening to music on my _____________.

6. Match the opposites

perdre	génial
toujours	malsain
ennuyeux	gagner
se reposer	bon marché
affreux	jamais
sain	souvent
cher	se fatiguer
aller	amusant
rarement	venir

7. Circle the correct option

a. Je fais les *livres/courses/romans.*

b. Je *regarde/prends/passe* des séries.

c. J'ai *perdu/lu/écrit* le match.

d. Je m'*aime/adore/intéresse* aux langues.

e. J'ai *regardé/lu/écouté* la chanson.

f. Je *cours/passe/joue* des heures en ligne.

g. J'*essaie/prends/fais* d'apprendre.

h. Je *vais/fais/suis* du vélo.

i. J'aime *lire/faire/passer* des romans.

8. Missing letters

a. pe_d_ e (to lose)

b. ro_a_ (novel)

c. _ou_ir (to run)

d. pas_ _ r (to spend)

e. s_ re_oser (to rest)

f. ga_n_ r (to earn)

g. _e_ _ain (pitch)

h. _h_ r (expensive)

i. essa_er (to try)

9. Unjumble the words and translate

a. irlve :   livre   book

b. erprde : ________ ________

c. aggner : ________ ________

d. atnation : ________ ________

e. tsorir : ________ ________

f. sseayre : ________ ________

g. iler : ________ ________

h. oûgt : ________ ________

10. Break the flow. Insert lines where there should be gaps

a. Àmonavisilestimportantd'avoirdespasse-tempsdanslavie.

b. Jefaisdelanatationàlapiscinedepuiscinqans.

c. J'adorealleràlaplagequandilfaitbeauouchaud.

d. Quandj'étaispetitejefaisaisdeladansedeuxfoisparsemaine.

e. J'aidécidédefaireunepromenadeàlacampagne.

f. Samedidernierjesuisalléfairedescoursesavecmescopines.

g. Avantjejouaisauxjeuxvidéomaisçanem'intéresseplus.

11. Complete with the correct verb from the grid at the bottom

a. Avant, je __________ des romans.

b. J' __________ à jouer au tennis

c. Je __________ au centre commercial.

d. J'__________ faire de la natation.

e. J'__________ une chanson hip hop.

f. Je __________ des courses chaque samedi.

g. Je me ________ en écoutant de la musique.

h. Je __________ dans le parc.

i. Je __________ des heures sur Internet.

j. Ce soir je vais __________ avec mes amis.

k. Je me __________ amusée.

l. Je __________ souvent la télé.

cours	regardais	écoutais	lisais
passe	relaxe	vais	apprends
aime	suis	faisais	sortir

12. Translate into English (on separate paper)

a. Il est important d'avoir des passe-temps dans la vie.

b. Je fais de la natation depuis cinq ans.

c. J'adore aller à la plage quand il fait beau.

d. Quand j'étais petit, je faisais de la danse.

e. Dimanche prochain on va aller au cinéma.

f. Après avoir mangé, je suis allé(e) au théâtre.

g. J'ai décidé de faire une promenade à la campagne.

h. Samedi dernier je suis allé faire des courses.

i. Je jouais aux jeux vidéo, mais ça ne m'intéresse plus.

j. J'espère jouer d'un instrument à l'avenir.

k. Avant d'aller à la piscine, j'ai vu mes amis en ville.

l. Ce que j'aime le plus, ce sont les séries télé.

m. Quand j'étais plus jeune je faisais plus de sport.

n. J'avoue que je préfère la musique à la lecture.

o. Je passe une heure ou deux par jour sur Internet.

Higher reading

1. Read what Suzanne says about her free time. Then circle the best answer in each case.

J'adore la lecture, surtout les romans, car cela me permet de vivre dans des mondes différents. La musique ne m'intéresse pas. Parfois, je regarde des séries télé, surtout celles avec des histoires originales. Je m'intéresse peu à la musique et au jardin. De plus, j'aime passer du temps dehors. J'aime faire du vélo, me promener dans la nature ou simplement profiter du soleil. Jouer à des jeux vidéo est également une de mes passions, surtout les derniers jeux sortis. Avant, je faisais peu de cuisine, mais maintenant j'apprécie faire de nouvelles recettes ; le sport et les courses, je les aime beaucoup moins.

1. Suzanne likes: a. reading   b. music   c. travel
2. She also enjoys: a. history   b. TV series   c. gardening
3. What does she do outside? Mention **three** details.   ....
4. What video games does she prefer to play?   ....
5. She also enjoys: a. cooking   b. sport   c. shopping

2. Read Amina's message to a friend.

Les passe-temps sont importants pour moi, car je dois me reposer après le travail. J'ai commencé récemment à chanter à l'église avec des amis. Depuis mon problème de dos, je ne cours plus comme avant. Mais je continue à faire un peu de vélo. Si j'ai le temps, je vais peut-être commencer à jouer d'un instrument de musique.

Write P for something that happened in the past, N for something that is happening now, F for something that will happen in the future. Write the correct letter in each box.

a. Playing an instrument ☐   c. Singing ☐

b. Running ☐   d. Cycling ☐

3. Read this article about Camille, a musician in Guadeloupe. Then answer the questions in English.

Toute petite, Camille ne rêvait que d'une chose : faire de la musique en public. Ses parents connaissaient sa passion pour la musique, mais ils pensaient toujours que les études étaient plus importantes. Elle a donc fini ses études à l'université avant de commencer sa carrière musicale. Samedi dernier, Camille a chanté devant cent personnes pendant un mariage. L'année prochaine, elle sortira des chansons en streaming.

a. What was Camille's ambition?   ....

b. What did her parents think?   ....

c. What did she do before starting her career?   ....

d. What did she do last Saturday?   ....

e. What will happen next year?   ....

Higher reading

4. **Read this article about some of the most popular pastimes in France.**

Le sport
Tout le monde peut le faire ! Les Français pratiquent un sport pour être plus fort, peser moins et pour rester sain. Le choix de sports est large et il est possible de trouver un sport pour tous les besoins, même si vous êtes handicapé. En partant de la course à pied, de la natation, en passant par le vélo ou encore la danse, il y a des sports pour tous les goûts !

Activités culturelles
Les Français apprécient également la culture. Les lieux culturels permettent de se reposer et de rencontrer de nouvelles personnes. Les sorties au théâtre, les concerts et les visites de musées sont populaires. Il faut dire que la musique est en tête de liste, bien avant le cinéma. Trois Français sur cinq écoutent de la musique chaque jour.

Jeux en ligne
Les ordinateurs et les consoles de jeux jouent un rôle important dans le monde des passe-temps français. Selon l'entreprise Newzoo, les 24 millions de joueurs français passent chaque jour 27 millions d'heures devant leur console ou leur ordi.

a. Why do people do sport? Mention **three** details. ....

b. Mention **three** sports referred to. ....

c. Give **two** reasons why people do cultural activities. ....

d. What is said about music? Mention **two** details. ....

e. What exactly does Newzoo say? ....

....

5. **Read about what Muriel wrote in her diary about last weekend.**

Samedi matin, je suis allée faire des courses avec mes amies. On a passé beaucoup de temps à essayer des vêtements et à s'amuser ensemble. L'après-midi, on est allées au parc où il y avait un petit concert de musique. On l'a trouvé un peu ennuyeux, mais c'était super de profiter du beau temps de printemps. Le dimanche après-midi, je l'ai passé à la maison à regarder un film avec ma famille. C'était génial de passer du temps ensemble. Le soir, j'ai lu un nouveau roman avant de me coucher.

a. What did she and her friends do on Saturday morning? ....

b. What did they do exactly? Mention **two** details. ....

c. After that, what did they think of the music? ....

d. What did she do on Sunday afternoon? ....

e. What did she do before bed? ....

Higher reading

6. **Read these diary extracts from Souleymane, a boy from Senegal, a country in West Africa.**

Lundi, 26 mars

Aujourd'hui, j'ai aidé mon père à travailler sur son vélo. C'était difficile, mais j'ai appris beaucoup de choses de lui. Ensuite, j'ai joué au football dans le parc avec mon équipe. Même si on a perdu, c'était une bonne occasion de se reposer et de s'amuser ensemble.

Mercredi, 28 mars

Cet après-midi, j'ai décidé d'aller à la bibliothèque pour étudier. J'ai trouvé un livre sur l'histoire du Sénégal que j'ai trouvé très intéressant. Je suis resté là-bas pendant des heures. Mes copains pensent que je suis fou !

Vendredi, 30 mars

Pour finir la semaine, j'ai fait de la cuisine avec ma mère. On a fait une recette qu'on n'avait jamais faite avant. Peut-être que je serai patron de restaurant un jour !

a. What did he do with his father on 26th March? ....

b. What did he like about the football game? Mention **two** details.

....

c. What did he do on Wednesday afternoon? Mention **two** details.

....

d. What do his friends think about him? ....

e. What does he say about the recipe he made? ....

f. What does he say at the end? ....

7. **Read about Suzanne's plans for next weekend. Then tick the best options.**

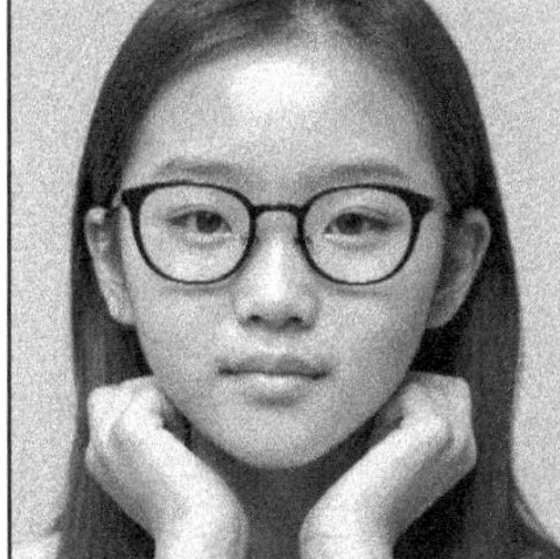

Samedi matin, j'avais pensé que j'irais à la plage ou que je ferais du vélo, mais en fait, je vais aller en ville avec mes amis. Je veux trouver la robe parfaite pour une soirée chez mes amis. Ensuite, l'après-midi, au lieu d'aller au cinéma, on va se promener. Je voulais aller chez ma meilleure amie, mais elle est malade. Le dimanche, après les devoirs, je vais aller chez mes grands-parents pour prendre le déjeuner dans leur jardin, suivi d'une promenade à vélo en forêt. En fin de journée, je vais assister à un cours de danse.

1. On Saturday morning she will   a. go to the beach   b. ride her bike   c. go shopping

2. On Saturday afternoon she will   a. visit her best friend   b. see a movie   c. go for a walk

3. Sunday, just after lunch, she will   a. do a bike ride   b. do her homework   c. have a dance lesson

Grammar focus   Imperfect Tense

Forming this tense is easy, but knowing when to use it is harder. Look at the two sentences below.

*Je **jouais** à des jeux vidéo*	I **used to play** video games.
*J'**allais** à la bibliothèque.*	I **used to go** to the library.

In these cases the verb describes what **used to happen** or what **happened often** in the past. Think of 'I used to…'.

Now look at these sentences:

*J'**allais** en ville quand j'ai vu ma copine.*	I **was going** into town when I saw my friend.
*Je **travaillais** pendant que papa **cuisinait**.*	I **was working** while dad **was cooking**.

In these cases the Imperfect is used to describe actions in the past which were not finished. Think of 'I was doing… but hadn't finished'. In the first example above, see the difference between j'**allais** (Imperfect) and j'**ai vu** (Perfect Tense). The 'going' was not completed, but the seeing was!

Lastly, the Imperfect is used to give descriptions of things or scenes in the past. Look at these:

Il **faisait** beau et chaud.	It **was** fine and hot.
Valérie **était** grande aux cheveux blonds.	Valérie **was** tall with blond hair.

The most commonly used expressions in the Imperfect are: ***il y avait*** (there was/were) and ***c'était*** (it was). For example:

*Quand j'étais petit, **il y avait** une piscine en ville.*	When I was little, **there was** a swimming pool in town.
*Je voulais parler au prof ; **c'était** important.*	I wanted to talk to the teacher; **it was** important.

Recognising the Imperfect

For each sentence just mark in the box if the sentence is in the Present (PRES), Perfect (PERF) or Imperfect Tense (IMP), as in the example.

Je jouais au football avec mes copines.	IMP
J'aime aller au cinéma chaque week-end.	
J'ai beaucoup de passe-temps en ce moment.	
Je suis allé à la piscine avec mes deux amis.	
Je me promenais souvent en ville avec mon copain.	
Il y avait une grande piscine pas loin de la gare.	
Il y a un centre de sport pas loin de chez moi.	
J'ai vu mon amie Céline au café.	
Je voyais toujours des amis au centre commercial.	
Je fais de la danse et du yoga.	
Je faisais plus de sport quand j'étais plus jeune.	
J'ai fait une promenade à la plage avec ma copine.	
Je fais souvent du vélo quand il fait beau.	
J'aimais faire du vélo à la campagne.	

Imperfect Tense of three useful verbs

JOUER (to play)	FAIRE (to do)	ETRE (to be)
je jou**ais** (I used to play, I was playing)	je fais**ais** (I used to do/was doing)	j'ét**ais** (I used to be/was)
tu jou**ais** (you used to play, were playing)	tu fais**ais** (you used to do/were doing)	tu ét**ais** (you used to be/were)
il/elle jou**ait** (he/she used to play/was playing)	il/elle fais**ait** (he/she used to do/was doing)	il/elle ét**ait** (he/she used to be/was)
on jou**ait** (we used to play/were playing)	on fais**ait** (we used to do/were doing)	on ét**ait** (we used to be/were)
nous jou**ions** (we used to play/were playing)	nous fais**ions** (we used to do/were doing)	nous ét**ions** (we used to be/were)
vous jou**iez** (you used to play/were playing)	vous fais**iez** (you used to do/were doing)	vous ét**iez** (you used to be/were)
ils/elles jou**aient** (they used to play/were playing)	ils/elles fais**aient** (they used to do/were doing)	ils/elles ét**aient** (they used to be/were)

The endings are always the same with this tense. The stem of the verb comes from the *nous* form of the present tense, for example *finir – nous finissons* (Present) - *je finissais* (Imperfect). The only exception is the verb *être*, which you see above. The stem of *être* is *ét*.

1. Match up

Nous	allaient à la piscine.
Je	pleuvait.
Ils	jouions au football.
Marc	jouiez aux jeux.
Vous	faisait du vélo.
Il	faisais de la danse.

2. Circle the best verb in each sentence

a. Je *marchais/faisais/aimais* à l'école tous les jours.

b. J'*avais/étais/aimais* aller au cinéma très souvent.

c. Ma sœur *faisait/venait/achetait* à la piscine avec moi.

d. En été il *était/faisait/avait* beau tous les jours.

e. Je *courais/prenais/faisais* quand j'ai eu mon accident.

f. J'*adorais/allais/aimais* aux cours de danse le jeudi soir.

g. Est-ce que tu *mangeais/buvais/fumais* beaucoup de bonbons ?

3. Present to Imperfect

a. Je vais au cinéma. J'allais au cinéma.

b. Je joue au football. _______________

c. Je fais du vélo. _______________

d. Je sors avec mes amis. _______________

e. Je suis très sportive. _______________

f. J'ai beaucoup d'amis. _______________

g. J'aime la musique. _______________

h. J'adore la lecture. _______________

4. Complete the sentence with the best verb

a. Je j________ souvent au football.

b. Mon frère f_______ de la danse dans un club.

c. On s_______ beaucoup à la campagne.

d. Nous l_______ beaucoup de livres.

e. J'é_______ des petites histoires.

f. Tu é_______ souvent de la musique ?

g. J'a_______ au parc presque tous les jours.

h. J'é_______ content quand j'é______ petit.

5. Questions about things you used to do

a. Tu allais au parc ? Non, j'allais à la piscine.

b. Tu faisais des promenades ? Non, je faisais_________________

c. Tu étais actif ? Non,_________________________

d. Tu avais beaucoup d'amis ? Non,_________________________

e. Tu sortais souvent ? Non,_________________________

f. Tu aimais la lecture ? Non,_________________________

g. Tu avais des devoirs ? Non,_________________________

h. Tu jouais aux jeux vidéo ? Non,_________________________

i. Tu buvais de la bière ? Non,_________________________

6. Insert the missing vowels

a. J_ m_ng_ _ _s d_s b_n_ons.

b. N_ _s j_ _ _ns _ _x c_rt_s.

c. _n s_ pr_m_n_ _t b_ _ _c_ _p.

d. _ll_ _ll_ t _ _ cl_b d_ d_ns_.

e. V_ _s _ll_ _z _ _ st_d_ ?

f. J_ r_g_rd_ _s d_s s_r_ _s.

g. J_ l_s_ _s d_s r_m_ns.

h. N_ _s j_ _ _ns _ _ p_rc.

i. J'_t_ _s pl_s sp_rt_v_.

7. Choose the right verb from the grid

a. Je ________ beaucoup pendant mon temps libre.

b. J'________ beaucoup de passe-temps à l'âge de 10 ans.

c. Je ________ au football, mais je n'y joue plus.

d. Nous ________ souvent à la campagne.

e. On ________ des courses en ville le samedi matin.

f. Quand j'_______ plus jeune, je lisais plus de livres.

g. Ma mère ________ plus active quand elle était jeune.

h. J'________jouer à des jeux vidéo.

sortions	faisais	étais	était
jouais	adorais	avais	faisait

8. Translate into French

a. I used to play football with my friends.

____

b. I used to be more sporty than now.

____

c. We used to go to the cinema a lot.

____

d. What were you doing yesterday?

____

e. I was talking to my friends in class.

____

f. I used to love reading novels.

____

9. What were you doing yesterday?

a. À huit heures j'all**ais**_________________________________

b. À dix heures je _________________________________

c. _________________________________

d. _________________________________

e. _________________________________

f. _________________________________

g. _________________________________

h. _________________________________

i. _________________________________

j. _________________________________

k. _________________________________

l. _________________________________

a. 8.00 Going to school

b. 1000 Working in class

c. 1100 Talking with friends

d. 1200 Speaking French

e. 1230 Eating at school

f. 1530 Returning home

g. 1800 Doing homework

h. 1900 Messaging a friend

i. 2000 Watching a series

j. 2100 Listening to music

k. 2130 Drinking some milk

l. 2200 Going to bed

Preparing for speaking and writing

1. Missing letter challenge

a. Je li_ un _oman. (I'm reading a novel.)

b. Je jou_ sur mon porta_le. (I play on my phone.)

c. Je re_arde une s_rie. (I'm watching a series.)

d. Je me _epose dans ma cha_bre. (I relax in my room.)

e. Je sor_ avec mon copa_n. (I go out with my friend.)

f. Je v_ _ _ sur _nternet. (I go on the internet.)

g. J'_coute de la musi_ue. (I listen to music.)

h. Je _ais au centre com_ercial. (I go to the mall.)

i. Je _ours dans le par_. (I run in the park.)

j. Je _chatte avec mes _mis. (I chat with my friends.)

2. Complete with *vais, fais, suis* or *joue* as appropriate

a. Je _______ au cinéma avec ma copine.

b. Je ne _______ rien.

c. Je _______ aller au centre commercial.

d. Je _______ du vélo.

e. Je _______ sur mon ordinateur.

f. Je _______ très sportif.

g. Je _______ resté à la maison.

h. Je _______ jouer au foot.

i. Je _______ à des jeux sur ma console.

3. Complete the French translation

a. I go shopping : Je _______ les courses.

b. I play on my phone : Je _______ sur mon portable.

c. I watch TV : Je _______ la télé.

d. I relax listening to music : Je me _______ en écoutant de la musique.

e. I go to Mark's house : Je _______ chez Mark.

f. I played tennis : J'ai _______ au tennis.

g. I went to the swimming pool : Je suis _______ à la piscine.

h. I am going to go out with Gemma : Je _______ sortir avec Gemma.

i. I used to watch films : Je _______ des films.

4. Tangled translation

a. *In* mon temps *free.*

b. *They* regardent la *TV.*

c. Je *am reading* un *book.*

d. Qu'est-ce que *you do*?

e. Pour me *to relax* je *sing.*

f. Je *play on* mon *mobile.*

g. Je *do a* promenade.

h. Je *am very* actif.

i. Je *am* allé *to dance.*

5. Sentence puzzle

a. ne pas Je d' instrument de un joue musique. (I don't play a musical instrument.)

____

b. fais beau Quand vélo il fait je du. (When the weather is nice I go cycling.)

____

c. avec J'aime mes faire amis les magasins. (I like to go shopping with my friends.)

____

d. ma J'adore console jouer à des sur jeux. (I love to play games on my console.)

____

e. film Hier à la j'ai soir un beau télé regardé. (Yesterday evening I watched a beautiful movie on TV.)

____

f. Le huit week-end heures dernier j' ligne ai en passé. (Last weekend I spent eight hours online.)

____

g. au prochain Le je vais aller cinéma week-end. (Next weekend I am going to go to the cinema.)

____

h. des Il important passe-temps d'avoir est. (It is important to have pastimes.)

____

6. Complete with the missing words

a. Je passe des heures _ _ ligne. (I spend hours online.)

b. Je fais _ _ la natation souvent. (I often go swimming.)

c. Je vais _ _ _ _ ma copine. (I go to my friend's house.)

d. Je joue _ _ _ jeux vidéo. (I play video games.)

e. Je _ _ repose. (I rest.)

f. Je télécharge _ _ _ chansons. (I download songs.)

g. Je _ _ fais rien. (I don't do anything.)

h. Je passe beaucoup _ _ temps. (I spend a lot of time.)

i. _ _ _ _ mon temps libre. (In my free time.)

j. J'aime faire _ _ sport. (I like to do sport.)

7. Complete the French translation

a. often : souv_ _ _

b. rarely : _ _ _ _ment

c. regularly : regul_ _ _ment

d. sometimes : quel_ _ _fois

e. every day : tou_ les jo_ _ _

f. last weekend : le week-end der_ _ _ _

g. next weekend : le week-end proch_ _ _

h. never : ja_ _ _ _

i. tomorrow : _ _main

j. every Saturday : tous les same_ _ _

8. Complete the table

Present	Near future	Perfect tense
	je vais aller	
		j'ai joué
je télécharge		
	je vais faire	
		j'ai écrit
je lis		
	je vais me reposer	
		j'ai regardé

9. Present to past

a. Je joue au foot :   **J'ai joué** au foot.

b. Je fais de la danse :   _______________

c. Je vais en ligne :   _______________

d. Je lis un roman :   _______________

e. Je regarde un film :   _______________

f. On va en ville :   _______________

g. On fait des courses :   _______________

h. On joue au rugby :   _______________

i. On mange :   _______________

j. On discute :   _______________

10. Translate into French

a. I go shopping :   _______________

b. I go swimming :   _______________

c. on my mobile :   _______________

d. on my computer :   _______________

e. in front of the TV :   _______________

f. a new programme :   _______________

g. in my free time :   _______________

h. I play games :   _______________

i. I go for walks :   _______________

j. I rest a bit :   _______________

k. I go to the cinema :   _______________

l. I read a book :   _______________

11. Translate into French (on separate paper)

a. In my free time I play on my computer.

b. At the weekend I go to the shopping mall.

c. After school, I relax by listening to music.

d. On the bus, I play with my mobile phone.

e. I spent two hours a day on the internet.

f. I love playing games on my console.

g. Sometimes I read a book, but I prefer Netflix.

h. Yesterday I went to the swimming pool.

i. Last weekend I went out with my boyfriend.

j. Tomorrow I am going to watch a film at the cinema.

k. Next weekend I am going to Emma's party.

l. When I was little, I used to play tennis every day.

m. I used to run in the park every morning.

Writing and speaking from a photo card

Write something about both of these photos. Write about who you see, where they are and what they are doing. Read out your description.

....

....

....

Answer the following questions related to this topic. Read out your answers.

1. Qu'est-ce que tu fais pendant ton temps libre ?

   ....

   ....

2. Qu'est-ce que tu **as fait** le week-end dernier pour passer le temps ?

   ....

   ....

3. Qu'est-ce que tu **vas faire** ce soir ?

   ....

4. Est-ce qu'il est important d'avoir des passe-temps ? Explique.

   ....

   ....

5. Qu'est-ce que tu **faisais** comme passe-temps quand tu étais petit(e) ?

   ....

6. Quelle sorte de films et de séries télé préfères-tu ?

   ....

7. Tu aimes la lecture?

   ....

Speaking in a role-play

Look at the instructions on the left as they would appear in a speaking test. Read aloud with a partner the dialogue on the right. Then do the dialogue a second time, changing the answers or questions in bold. Take turns playing the two roles.

Foundation   (Where you see ...., make up a short answer as if you were an examiner.)

<table>
<tr>
<td>

1. Mention a pastime you have.

2. Give **one** opinion about sport.

3. Ask your friend a question about pastimes.

4. Say what you do on Saturday evenings. Mention **one** detail.

5. Say one thing you do not like doing in your spare time.

</td>
<td>

1. Quel passe-temps est-ce que tu as ?

   Je joue au football.

2. Que penses-tu du sport ?

   J'adore le sport.

3. **Quel est ton passe-temps préféré ?**

   ...

4. Qu'est-ce que tu fais le samedi soir ?

   Je regarde la télé.

5. Qu'est-ce que tu n'aimes pas faire ?

   (Je n'aime pas) faire du vélo.

</td>
</tr>
</table>

✂..

Higher   (Where you see ...., make up a short answer as if you were an examiner.)

<table>
<tr>
<td>

1. Say what you do in your spare time. (Give **two** details.)

2. Say what you think about computer games. (Give **one** opinion and **one** reason.)

3. Ask your friend a question about free time activities.

4. Describe something you did last weekend. (Mention **two** details.)

5. Say what you are going to do this evening to relax. (Mention **one** detail.)

</td>
<td>

1. Qu'est-ce que tu fais pendant tes heures libres ?

   Je lis des romans et j'écoute de la musique.

2. Que penses-tu des jeux d'ordinateur ?

   Je n'aime pas les jeux d'ordinateur parce qu'ils sont ennuyeux.

3. **Tu aimes le sport ?**

   ...

4. Qu'est-ce que tu as fait le week-end dernier ?

   Je suis allé(e) au restaurant et j'ai regardé un film.

5. Qu'est-ce que tu vas faire ce soir pour te relaxer ?

   Je vais lire mon livre.

</td>
</tr>
</table>

Foundation writing

Write approximately <u>50 words</u> in French. Mention all points. Refer to the language in this unit, for example the Foundation Sentence Bank, or do the task in 'exam conditions', without help. Or do both!

• A pastime of yours   • When you do this   • Computer games   • Reading   • What your mother likes doing

1. ....

2. ....

3. ....

4. ....

5. ....

Using your knowledge of grammar, complete the sentences below, choosing one of the three options given.

1. Chaque jour je .... du vélo (fait/fais/faites).

2. Ma mère .... souvent à la piscine (va/vas/allée).

3. Le week-end dernier j'ai .... au football (jouent/jouais/joué).

4. J'aime .... des romans (lire/lis/lit).

5. Nous allons faire une .... promenade (long/longue/longues).

Foundation/Higher writing

Write approximately <u>90 words</u> in French. You must refer to each bullet point.

• Favourite pastimes   • What you did last weekend   • A pastime you would like to try in the future

....

....

....

....

....

....

....

....

Higher writing

On paper, write approximately 150 words about free time activities. Cover both bullet points. Refer to the language in this unit, for example the Higher Sentence Bank, or do the task in 'exam conditions', without help. Or do both!

- The advantages and disadvantages of playing video games
- How you recently spent time with a friend

Foundation sentence bank

J'aime le football et la musique.	I like football and music.
Mon passe-temps préféré est la lecture.	My favourite pastime is reading.
Je joue de la guitare et du piano.	I play the guitar and the piano.
Je ne joue pas d'un instrument de musique.	I don't play a musical instrument.
Je fais du vélo à la campagne.	I ride my bike in the countryside.
J'aime faire des courses avec mes amis.	I like to go shopping with my friends.
J'adore jouer à la console de jeux.	I love playing on the games console.
Hier soir j'**ai regardé** une série à la télé.	Last night I **watched** a series on TV.
J'aime faire la fête avec mes amis.	I like partying with my friends.
Le week-end dernier j'**ai joué** au football.	Last weekend I **played** football.
Le weekend prochain je **vais aller** au cinéma.	Next weekend I **am going to go** to the cinema.
Je n'ai pas beaucoup de passe-temps.	I don't have many pastimes.
Je **dois** sortir plus souvent.	I **must** go out more often.
Je préfère la natation et le hockey.	I prefer swimming and hockey.

✂ ....

Higher sentence bank

Il est important d'avoir des passe-temps dans la vie.	I's important to have pastimes in life.
Je **fais** de la natation **depuis** cinq ans.	I **have been** swimming **for** five years.
J'adore aller à la plage quand il fait beau.	I love to go to the beach when the weather is fine.
Quand j'étais petit(e), je **faisais** de la danse.	When I was little, I **used to do** dance.
Dimanche prochain on va aller au cinéma.	Next Sunday we're going to go to the cinema.
Après avoir mangé, je suis allé(e) au théâtre.	**After eating**, I went to the theatre.
J'**ai décidé de** faire une promenade à la campagne.	I **decided** to go for a walk in the countryside.
Samedi dernier je suis allé(e) faire des courses.	Last Saturday I went shopping.
Je **jouais** aux jeux vidéo, mais ça **ne** m'intéresse **plus**.	I used to play video games, but I'm no longer interested.
J'**espère jouer** d'un instrument à l'avenir.	I **hope to play** an instrument in the future.
Avant d'aller à la piscine, j'ai vu mes amis en ville.	**Before going** to the pool, I saw my friends in town.
Ce que j'aime le plus, ce sont les séries télé.	**What** I like most are TV series.
Quand j'**étais** plus jeune je **faisais** plus de sport.	When I **was** younger, I **used to play** more sport.
J'**avoue que** je préfère la musique à la lecture.	I **admit** I prefer music to reading.

ANSWERS

Unit 1 Answers
Foundation vocab building

1. Match up

gentil	kind
célibataire	single
agréable	pleasant
triste	sad
égal	equal
bavard	equal
drôle	talkative
inquiet	worried
jeune	young
vieux	old

2. Broken words

a. copain
b. petit
c. enfant
d. drôle
e. égal
f. jeune
g. vieux
h. copine
i. mari

3. Gaps

a. angry
b. wife
c. boy girl
d. worried
e. single
f. husband
g. sister

4. Faulty trans

a. short hair.
b. I live
c. funny
d. (Correct)
e. not well
f. argue

5. Complete the words

a. petit, grand, vieux
b. sympa, drôle, bavard
c. beau- père, enfant, père

6. Translate

a. to fall e. to die
b. to argue f. lazy
c. alone g. to live
d. single h. relative
e. talkative i. to spend

7. Complete

a. travailleur
b. entends
c. frère
d. dispute
e. tombe
f. visage
g. mariage
h. jeunes

8. Missing letters

a. jeune
b. tomber
c. paresseux
d. drôle
e. PACS
f. vie
g. affreux
h. inquiet

9. MC

a. dead
b. old
c. friendly
d. short
e. pretty
f. sad
g. young
h. kind
i. alone
j. lazy
k. hard-working

10. Defs

a. triste
b. drôle
c. affreux
d. mort
e. disputer
f. parents
g. cousin
h. court
i. travailleur
j. PACS

11. Break the flow

b. Mes/oncles/sont/gentils : My uncles are kind
c. Mes/parents/sont/jeunes : My parents are young
d. Je/m'entends/bien/avec/mes/parents
   I get on well with my parents
e. Je/me/dispute/avec/mon/frère
   I argue with my brother
f. Mon/père/est/strict : My father is strict
g. Ma/sœur/est/travailleuse
   My sister is hard-working
h. Mon/père/est/sympa : My father is friendly
i. C'est/affreux - It's awful

12. Spelling

a. jeunes
b. vieux
c. beau-père
d. affreux
e. mourir
f. drôle
g. joli(e)
h. paresseux

13. Unjumble

a. paresseux
b. jeune
c. grand
d. jolie
e. mari
f. femme
g. gentil

14. Translate into English

a. I live with my mother.
b. I get on well with my parents.
c. My parents understand me.
d. My sister is funny and kind.
e. My father is hard-working.
f. My mother is worried.
g. My little brother is sad.

Foundation reading

1. a. Fatiha b. Abdul c. Marc d. Sandra e. Christine

2. a. Steeve b. Cécile c. Karim

3. a. 5 years ago b. In a small flat c. Every weekend d. He works in a baker's/near their home

4. He says: a, c, d, h

5. a. She listens to others/She accepts people of various identities/She gets on well with everyone (any two)

   b. Because they say bad things about people who are different

   c. Everyone is equal/Doesn't like people who do not accept different identities

6. a. work b. doctors c. know d. open-minded

Unit 1 Answers
Higher vocab building

1. Match up

colère	anger
fils	son
mentir	to lie
blague	joke
harceler	to bully
soutien	support
garder	to look after
proche	relative/friend
se disputer	to argue
égal	equal
mourir	to die
homme	man

2. Correct

a. joke
b. (Correct)
c. funny
d. (Correct)
e. young
f. proud
g. (Correct)
h. awful
i. husband
j. face

3. Gaps

a. get on well
b. funny
c. girl boy
d. jokes
e. step-mother (mother-in-law)
f. angry
g. separated

4. Multiple choice – circle the right option

j.	mourir	*to die*
k.	garder	*to look after*
l.	ressembler à	*to look like*
m.	taille	*height*
n.	vie	*life*
o.	visage	*face*
p.	soutenir	*to support*
q.	jeune	*young*
r.	vieux	*old*

5. Complete

a. passe
b. vit
c. morte
d. ressemble
e. séparer
f. disputent
g. travailleurs
h. seule

6. Opposites

grand	petit
paresseux	travailleur
enfant	adulte
triste	heureux
affreux	super
jeune	vieux
sympathique	méchant
marié	célibataire
pauvre	riche
seul	en couple

7. Translate into English

a. He is sad   j. my step-mother
b. I support   k. I like his/her face
c. I am alone   l. He is pretty
d. he is young   m. hard-working
e. to talk   n. she is married
f. to argue   o. he is old
g. single   p. I don't mind
h. separated   q. to live together
i. he is kind   r. he is bullied

8. Separate the words

a. Elle/travaille/dans/un/hôpital.
b. Elle/se/fait/de/nouvelles/copines.
c. Il/s'entend/bien/avec/les/autres.
d. Je/me/sens/seule.
e. Ils/rient/de/moi.
f. Pour/passer/le/temps/ils/chantent.
g. Je/crois/que/le/mariage/est/ important.
h. Garder/une/relation/heureuse.

10. Correct order

a. Ils ne sont pas pauvres.
b. Il vit avec sa mère.
c. Ils rient souvent de lui.
d. Elle se fait des copines.
e. Il se sent parfois seul.
f. Ils se disputent souvent.

11. Translate

a. I often argue with my sister.
b. I live with my step-father.
c. They make fun of me.
d. I get on well with them.
e. They do not understand me.
f. I feel alone/lonely.

9. Split sentences

Je passe	le temps
Mon ami m'	écoute
Mon père me	comprend
Elle ne s'est	pas mariée
Ils sont	pauvres
Beaucoup de	gens divorcent
Elle vit	seule
Il se fait	des amis

12. Translate into English

a. He has four children, two sons and two daughters.
b. She is very hard-working and ambitious.
c. It's a very poor by happy family.
d. I live with my parents and my sister.
e. She does not get on well with them.
f. She was bullied by other students.
g. Unfortunately he feels alone and sad.
h. Two years ago she worked in a restaurant.
i. They sent their son to an orphanage.
j. Thay had fun singing and dancing.
k. I don't want to talk about it with my parents.
l. I must try to stay calm all the time.
m. His parents support him a lot.
n. I wish to get married one day.

Higher reading

1. a, d, e
2. a. bullied   b. hurts him/ feels alone   c. why others react like that
   d. They have enough problems already
   e. Have friends who understand and accept him
   f. He must try to stay strong and hope things get better.
3. c, d
4. a. Yves   b. Thierry   c. Paul   d. Jade   e. Magali
5. a. sensitive/responsible/happy/full of energy (any three)
   b. shared interests   c. reading and music
   d. funny/listens to her/supports her (always there for her)
6. b,c,d,f

Unit 1 Answers
Grammar focus – adjectives

1. Complete the table

Masculine	Feminine
intelligent	intelligente
travailleur	travailleuse
gentil	gentille
drôle	drôle
bavard	bavarde
brun	brune
heureux	heureuse

2. Circle the correct adjective

a. Mon père est *grand*.

b. Ma belle-mère est assez *petite*.

c. Marine semble assez *heureuse*.

d. Mes parents sont assez *stricts*.

e. Ma cousine est très *travailleuse*.

f. Mes oncles sont assez *bavards*.

g. Sandrine est très *jolie*.

h. Mes tantes sont très *sympas*.

3. Complete the translation

a. Ma mère est *stricte*.

b. Ma sœur est *bavarde*.

c. Ma mère est *heureuse*.

d. Elle a l'air *triste*.

e. Mes oncles sont *embêtants*.

f. Ta mère est *gentille*.

g. Ils sont *travailleurs*.

4. Translate into English

(Bold - usually go before the noun)

a. **bon** good

b. sympa friendly

c. triste sad

d. **long** long

e. court short

f. bavard talkative

g. drôle funny

h. **gros** big

i. **petit** small

j. **joli** pretty

k. **grand** tall

l. **beau** beautiful

5. Arrange the words in the correct order

a. Mon père est moins strict que ma mère.

b. Ma sœur est plus forte que moi.

c. Mes parents sont plus gentils que mes oncles.

d. Nos cousins sont aussi grands que nous.

e. Je suis plus travailleuse que mon frère.

f. Mon grand-père est aussi vieux que ma grand-mère.

6. Tangled translation

a. plus petite

b. moins intelligent(e)

c. travailleur

d. plus gentils

e. plus… que

f. moins strict

g. aussi… que

7. Correct

a. grand**e**

b. chose **la** plus

c. intelligent

d. sympa**s**

e. petit**e**

f. travailleur**s**

g. fort**s**

8. Translate

a. a strong man

b. a tall woman

c. an old woman

d. a big car

e. a good-looking boy

f. a new friend

g. a pretty house

h. a big problem

i. an old man

j. a new teacher

k. a good friend

9. Tick or correct

a pretty face	*un joli visage*	√
a tall man	*un grand homme*	√
a good-looking boy	*un **beau garçon***	x
a small child	*un **petit enfant***	x
a long road	*une longue rue*	√
a new house	*une nouvelle maison*	√
a nice personne	*une **personne sympa***	x
a tall woman	*une **grande femme***	x
a big car	*une grosse voiture*	√

10. Translate

a. sœur

b. père

c. oncle

d. frère

e. grand-père

f. grand-mère

g. cousine

h. tante

i. bonne

j. grand

k. jolie

l. bon

m. grosse

n. nouvelle

o. belle

p. petit

11. Translate

a. un grand homme

b. un petit garçon

c. un joli visage

d. une vieille femme

e. une grosse voiture

f. un vieil homme

g. une jolie fille

h. un nouvel ami

12. Translate into French

a. Ma mère est grande, mais ma sœur est plus grande que ma mère.

b. Mon père est strict et ma mère est aussi stricte que lui.

c. Mon grand-père a 73 ans. Ma grand-mère est plus jeune que lui.

d. Je suis petit(e), mais ma copine (petite amie) est plus petite que moi.

e. Mon frère est plus gros et plus grand que moi, mais je suis plus fort.

g. J'ai de bons professeurs, mais mon/ma prof de français est le meilleur/la meilleure. Bien sûr.

Unit 1 Answers
Preparing for speaking and writing

1. Complete

a. ami

b. drôle

c. mariage

d. soutien

e. gentil

f. grand

g. bon

h. travailleur)

2. Gaps

a. gentil

b. entends

c. plus

d. travailleur

e. drôle

f. blagues

g. gentille

h. joli

i. bavarde

3. Broken words

a. petit

b. drôle

c. vis

d. entends

e. est

f. famille

g. bon

h. bonne

i. travailleur

4. Tangled translation.

a. ami… promesses

b. idéal… temps

c. ma… il y a… personnes

d. préféré s'appelle… drôle

e. Quand… avec, on va/nous allons

f. plus stricte que

g. Hier… suis allé(e)… mes parents

h. Il y a deux jours… au cinéma

i. me dispute… rarement

5. Anagrams

a. mari

b. ami

c. drôle

d. famille

e. gentil

f. vivre

g. passer

h. soutien

i. mort

j. vieux

k. pire

l. meilleur

6. Guided translation

a. Il est un bon ami.

b. Ma mère est petite.

c. Mon père est paresseux.

d. Je m'entends bien avec lui.

e. Je ressemble à ma mère.

f. Mon frère est plus grand.

g. Ma sœur est gentille.

h. Je l'aime beaucoup.

i. Il est plus âgé que moi.

j. On est allés aux magasins.

k. Je me dispute avec lui.

l. Ma copine est grande.

7. Complete

a. ma

b. que

c. appelle

d. moins

e. de

f. à

g. la

h. se

i. que

8. Split sentences

Dans ma famille il y a	cinq personnes.
Un ami idéal, c'est	quelqu'un de gentil.
Mes parents se	disputent souvent.
Mon petit frère est plus	intelligent que moi.
Hier, on	est allé à la piscine.
Je veux parler de	mon oncle.
Une personne que j'	admire, c'est mon père.
Ma mère est	très travailleuse.
Il est aussi grand	que moi.
Ma sœur s'	appelle Fatiha.

9. Correct the translations

a. Il y a **quatre** personnes.

b. Ils **mangent**.

c. Ils ont l'air **heureux**.

d. Ils mangent **des légumes**.

e. Il y a deux **femmes**.

f. Ils sont **végans**.

g. Il y a trois **garçons**.

h. Ils jouent aux **cartes**.

i. Ils ont l'air **tristes**.

10. Correct the spelling & grammar

a. La <u>meilleur**e**</u> chose

b. Un ami <u>id**é**al.</u>

c. Nous sommes <u>v**é**gans.</u>

d. Il est une <u>bon**ne**</u> mère.

e. Il y a quatre <u>person**nes**.</u>

f. Ma <u>famille</u> et moi.

g. Mes parents se <u>disput**ent**</u> souvent.

h. Ma m**è**re est <u>travailleu**se**.</u>

i. Ce <u>que</u> j'aime, c'est qu'il est gentil.

11. Translate into English

a. Je m'entends bien avec mes parents. Ils sont gentils /elles sont gentilles.

b. Je me dispute quelquefois avec mes parents.

c. Je pense que ma mère est gentille et patiente.

d. La meilleure chose chez lui, c'est qu'il me soutient.

e. Je passe beaucoup de temps avec ma famille.

f. On est allé(e)s/Nous sommes allé(e)s au centre commercial. C'était amusant.

g. Ma sœur est très sympa/gentille mais très bavarde.

h. Il est plus drôle que ma sœur mais moins travailleur.

i. Je suis allé(e) à la piscine avec mon père.

Unit 2 Answers
Foundation vocab building

1. Match up

propre	clean
sale	dirty
loin	far
beau	beautiful
jeune	young
vieux	old
gauche	left
droit	right
chaud	hot
froid	cold
pauvre	poor

2. Correct

a. in the **country**

b. it's **foggy**

c. on the **coast**

d. by the **sea**

e. there is a **forest**

f. seven **rooms**

g. there are **trees**

h. **in front of** the house

i. it is **cold**

3. One of three – circle the right answer

été	summer		
loin		far	
hiver			winter
gauche			left
mer		sea	
plage	beach		
beau			beautiful
droit	right		
rue			street
sale		dirty	

4. Tick weather Words

a. chaud √

b. chômage

c. vent √

d. brouillard √

e. froid √

f. salon

g. pluie √

h. mer

i. gauche

5. Complete

a. behind

b. between

c. fine, nice

d. spaces

e. clean

f. sea(side)

6. Translate into English

a. sun

b. neighbourhood

c. weather, time

d. room

e. young

f. factory

g. to live

h. beach

i. rain

j. winter

k. sea

l. country(side)

7. Sentence puzzle

a. Il y a beaucoup de chômage.

b. En hiver il fait froid et il pleut très souvent.

c. Il n'y a pas assez de poubelles dans les rues.

d. La vie à la campagne est plus clame et plus saine.

e. Dans ma ville il y a beaucoup de bruit.

f. Ma région est belle et pleine de lieux historiques.

g. Mon quartier est assez tranquille et sûre.

8. Complete

a. froid

b. grande

c. sud

d. quartier

e. campagne

f. lieux

g. supermarché

h. préfère

9. Translate

a. I'd like to live.

b. There are too many buildings.

c. My neighbourhood is poor.

d. Mt town is beautiful and clean.

e. You can do sport.

f. I go for walks.

g. In spring the weather is fine.

h. There is less noise.

10. Tick

a. beau

b. pollution √

c. ennuyeux √

d. sale √

e. propre

f. joli

g. affreux √

h. violent √

i. pluie √ (?)

j. mauvais √

k. dangereux √

11. Translate into English (on separate paper)

a. It's an interesting city for tourists.

b. there is a small shopping centre near our home.

c. In the countryside life is much quieter and safer.

d. Public transport is fast and cheap.

e. I like going for walks in the forest.

f. There are lots of things to do for young people.

g. My neighbourhood is quite dangerous.

h. There are not many trees and green spaces.

i. In my region it is fine in summer and cold in winter.

j. I live in quite an old building in the town centre.

k. I prefer living in town because life in the country is too quiet.

l. I live at the seaside in a little white house.

Foundation reading

1. a. Joëlle b. Marius c. Samir d. Joëlle e. Marius f. Samir

2. a. quiet b. forest c. noise d. friendly

3. Sandrine P/N Mohamed P Jade N Jean-Philippe P/N

4. Correct statements are a, c, d

5. a. 200 b. sing, dance (accept go to parties)
   c. swim in the sea d. for boys and girls

6. a. in a (beautiful) garden
   b. small, very pretty
   c. traditional/old houses – blue and white
   d. fountains

7. 1 old   2 train station   3 shopping

Unit 2 Answers
Higher vocabulary building

1. Match up

arbre	tree
rivière	river
island	island
campagne	countryside
paysage	scenery
rue	street
lieu	place
fleur	flower
proche	nearby
loin	far
île	island
côte	coast

2. Correct

a. to **drive**

b. (Correct)

c. (Correct)

d. to **manufacture**

e. to **sell**

f. to **come**

g. (Correct)

h. to **improve**

i. to **live**

3. One of three – circle the right answers

dehors	outside		
entre		between	
manque			lack
pauvre			poor
paysage	scenery		
pire		worse	
pays	country		
arbre		tree	
chez			at
côte		coast	
sale			dirty

4. Spot/trans

a. pire

b. derrière

c. **to switch off**

d. **to rent**

e. arbre

f. propre

g. **to live**

h. quartier

i. **to rain**

5. Complete

a. scenery

b. sell

c. coast

d. clean

e. rains

f. quiet

g. crosses

h. far

i. worry

j. noise

k. poor

6. Opposites

pire	meilleur
acheter	vendre
éteindre	allumer
froid	chaud
petit	grand
aller	venir
sale	propre
ancien	nouveau
proche	loin

7. Circle

a. *bord*

b. *lieu*

c. *paysage*

d. *loin*

e. *quartier*

f. *verts*

g. *lieux*

h. *arbres*

i. *bruit*

8. Letters

a. bruit

b. arbre

c. sale

d. usine

e. endroit

f. rue

g. rivière

h. le pire

i. manque

9. Unjumble/translate

b. sale dirty

c. rue street

d. campagne countryside

e. allumer to switch on

f. vendre to sell

g. acheter to buy

h. lieu place

10. Break the flow.

a. Le/pire/dans/ma/ville/c'/est/le/bruit/et/le/trafic.

b. Je/vis/à/la/campagne/assez/loin/du/centre-ville.

c. Le/soir/ils/allument/toutes/les/lumières./C'est/beau !

d. Ma/ville/est/traverse/par/une/rivière.

e. Il/y/a/beaucoup/d'/arbres/et/d'/espaces/verts.

f. Il/y/a/un/festival/de/musique/assez/célèbre.

g. Il/y/a/aussi/beaucoup/de/lieux/historiques/à/visiter.

h. Le/pire/c'/est/les/transports/publics/qui/ne/sont/pas/bons/du/tout.

Higher reading

1. a. NW of the island, at the foot of a mountain
   b. A cathedral and an old market
   c. Always hot, occasionally rains, always a bit windy
   d. No, not during the music and dance festival.

2. 1b 2c 3a 4b

3. a. F b. P c. N d. P

4. a. Cleaner b. Air pollution c. Plastic waste
   d. Use less plastic, create new forests

5. a. Respect for the environment
   b. Night services, Sunday services
   c. You can cross it by boat
   d. Transport on demand
   e. Areas with fewer people

6. 1a 2c 3b 4a
   5. Book early, shows are often full

11. Comp

a. vis

b. vend

c. est

d. fait

e. a

f. peut

g. construit

h. faut

i. voir

j. faire

k. utilisent

l. conduis

12. Translate into English (on separate paper)

a. I like living here because people are kind and friendly.

b. I have lived in York for a few years.

c. They must improve public transport.

d. In our region there are many historical places.

e. There are too many poor and homeless people.

f. After going to the cinema, we ate at the restaurant.

g. I decided to go and spend the day at the beach.

h. I used to live in London, but now I live in Leeds.

i. To protect the environment we must recycle everything.

j. I hope to live in the countryside in the future.

k. The countryside is quieter and safer than the city.

l. What I like, is that there are lots of things to do for young people.

m. I would like to live abroad for a year or two.

n. I admit that there is too much pollution and noise.

Unit 2 Answers
Grammar focus – using two verbs together

1. Match up

pouvoir	to be able to (can)
vouloir	to want
devoir	to have to (must)
détester	to hate
souhaiter	to wish
préférer	to prefer
aimer	to like
espérer	to hope
savoir	to know (how to)

2. Insert

a. peux
b. dois
c. sais
d. aime
e. veut
f. espère
g. préfère
h. aimons
i. déteste

3. Complete

a. vivre
b. voir
c. aller
d. voyager
e. visiter
f. prendre
g. aime

4. Translate into English

a. J'aime aller
b. J'espère vivre
c. Je veux voyager
d. Je souhaite rester
e. Elle doit être
f. On peut/nous pouvons visiter
g. Tu aimes avoir

7. Arrange the words in the correct order

a. Je dois faire des courses demain matin.

b. On peut faire du bateau sur la rivière avec des amis.

c. Je vais manger au restaurant italien ce soir.

d. On voudrait vivre à l'étranger un jour.

e. J'espère visiter beaucoup de monuments ici.

6. Tangled translation

a. aime aller… avec ses…

b. veux… château… campagne

c. sait… voiture

d. dois recycler… déchets

e. souhaite vivre… capitale

f. détestons… ville

g. préfères… en ville… à la campagne

7. Circle and correct

a. veu**x**… **en** France

b. veul**ent** manger… rest**aura**nt

c. détest**es**… mus**ées** ?

d. Je pr**éfère**… transport**s** public**s**.

e. aim**e**… cours**es**

f. ador**ons** visit**er**

g. **vont**… th**éâ**tre… prochain.

8. à, de/d' or Nothing

a. de
b. à
c. Nothing
d. à
e. de
f. Nothing
g. de
h. d'
i. à
j. Nothing
k. d'

9. Tick/Correct

j'essaie d'aider √
j'ai décidé **d'**être
j'ai commencé **à** voir
j'ai oublié d'aller √
j'ai appris **à** parler
j'ai réussi **à** acheter
je continue à penser √
je viens **d'**acheter
j'ai arrêté d'aller √

10. Different tenses

a. I should/ought to live
b. I might/could buy
c. I would like to go
d. I was able/could live
e. I had to leave
f. I would finish doing
g. I will try to go
h. I wanted to visit

11. Translate into French

a. J'essaierai de visiter
b. Je voudrais acheter
c. Il devrait rester
d. Tu pourrais (vous pourriez) partir
e. On a dû (nous avons dû) vivre
f. J'ai voulu/je voulais aller
g. J'ai commence à aimer
h. J'ai décidé d'aller

12. Translate into French

a. Je voudrais visiter Bordeaux cet été, mais je dois acheter une maison à Paris.

b. Mon frère souhaite vivre dans un appartement à Lyon, mais il devrait aller au travail en voiture.

c. Quand j'ai décidé de visiter le vieux château à la campagne, mon ami a refusé de m'accompagner (d'y aller avec moi).

d. Je viens de commencer à apprécier toutes les activités dans cette belle ville.

e. En travaillant ensemble, nous pouvons (on peut) essayer de protéger l'environnement de notre planète.

g. On pourrait (tu pourrais) vivre dans la capitale, si on voulait (tu voulais) profiter de toutes les activités possibles.

Unit 2 Answers
Preparing for speaking and writing

1. Re-arrange the words

a. Je vis dans une jolie ville au bord de la mer.

b. J'habite dans un vieux quartier en dehors de la ville.

c. Le pire, c'est les transports publics.

d. Dans le centre-ville il y a beaucoup de magasins.

e. On vit ici depuis dix ans.

f. J'aime ma ville mais il y a beaucoup de pauvreté et de chômage.

g. Mon souci principal, c'est la pollution de l'air.

h. Je vis à la campagne parce que la vie est plus tranquille.

2. Gaps

a. poubelle

b. déchets

c. loin

d. vis

e. chômage

f. souci

g. campagne

h. bruit

3. Tangled trans

a. vis… depuis…

b. climat… région

c. est un problème grave

d. quartier… dangereux

e. pire… le crime

f. a trouvé… ici

g. rue… magasins

h. maison… pièces

5. Trans

a. ici

b. la campagne

c. le bruit

d. les gens

e. la maison

f. les déchets

g. le bâtiment

h. la rue

i. tranquille

j. joli

k. les usines

l. le chômage

4. Complete

a. dans… en…
b. de… a
c. de… à…
d. ici… sont…
e. a… mon…
f. au… avec
g. est… et
h. a… de… ma…
i. suis… à…
j. vais… un…
k. ai… les…
l. y… trop… chômage… dans… ville

5. Add the missing accents

a. Ma région est belle.

b. Je recycle les déchets.

c. Je suis allé au cinéma.

d. Je vis à York depuis dix ans.

e. Mon père travaille au centre-ville.

f. Je préfère vivre à la campagne.

g. La ville est traversée par une rivière.

h. Le marché vend des produits locaux.

6. Spot and insert the missing words

a. Je **vis** à Paris depuis dix ans.

b. Dans ma maison il y **a** deux salles de bains.

c. Mon souci principal **est** la pollution.

d. Le paysage autour **de** la ville est très beau.

e. Ma ville est assez jolie mais il y a beaucoup **de** pauvreté.

f. Je **ne** recycle jamais les déchets.

g. Dans ma rue il n'y a **pas** de magasins.

h. J'habite assez loin **du** centre-ville.

7. Complete with the missing vowels

a. Dans ma ville il y a beaucoup de lieux historiques.
b. Je vis dans une grande ville industrielle.
c. Nous vivons ici depuis cinq ans.
d. La pollution est un problème grave ici.
e. Ma mère travaille dans le centre-ville.
f. Je préfère vivre à la campagne.
g. Mon quartier est très agréable et propre.

8. Translate into French

a. usines

b. bâtiments

c. déchets

d. campagne

e. joli

f. dangereux

g. rues

h. maisons

i. pollué

j. pauvreté

k. chômage

l. il y a

9. Complete

a. vis

b. quartier

c. ville

d. lieux/monuments

e. village/appartement

f. joli/beau/agréable

g. transports

h. choses

i. déchets

j. campagne

10. Translate into English

a. Je vis à Manchester depuis dix ans.

b. Je vis dans un vieux quartier en dehors de la ville.

c. Dans ma rue il n'y a que deux magasins (il y a deux magasins seulement).

d. Dans ma ville il y a peu d'espaces verts.

e. Il y a trop de bruit et de pollution.

f. Trop de gens (personnes) conduisent une voiture.

g. Je voudrais vivre à la campagne.

h. Là, la vie est plus calme (tranquille) et il y a moins de crime.

i. Le pire est que ma ville n'est pas sûre.

j. Un jour je voudrais vivre à l'étranger, en France.

k. J'espère vivre dans une grande ville en Italie.

Unit 3 Answers
Foundation vocab building

1. Match up

matière	subject
avenir	future
cours	lesson
choix	choice
école	school
but	goal
carrière	career
argent	money
emploi	job
salaire	salary

2. Unscramble

a. but   goal
b. argent   money
c. emploi   job
d. étudier   to study
e. avenir   future
f. devoirs   homework
g. ennuyeux   boring
h. chercher   to look for
i. inutile   useless
j. expliquer   to explain

3. Gaps

a. job
b. mistakes
c. weak
d. subject
e. eleven
f. boring
g. future
h. hard
i. school
j. forbidden

4. Spot and correct

a. *to look for a **job***
b. *to make a **mistake***
c. *to learn a **job***
d. *the **school day***
e. *I am **weak** at maths*
f. (Correct)
g. *My dream is to **travel***
h. (Correct)
i. *I want to be a **scientist***
j. (Correct)

5. P/N

a. N
b. P
c. N
d. N
e. P
f. N
g. N
h. P

6. Phrase puzzle

b. I want to become a police officer
c. I am looking for a job
d. my future plans
e. I find that useless
f. it's a hard subject
g. I am in Year 11
h. I will be in Year 12

7. Complete the words and translate them

a. dur - hard
b. apprendre – to learn
c. emploi - job
d. chercher – to look for
e. ennuyeux – boring
f. utile - useful
g. facile - easy
h. quatrième – Year 9
i. terminale – Year 13
j. nul - rubbish
k. passionnant - exciting
l. avenir - future
m. projet - plan
n. travail – work, job

8. Tick money words

a. matière
b. riche ∨
c. pauvre ∨
d. fort
e. faible
f. salaire ∨
g. dur
h. argent ∨
i. cours
j. banque ∨
k. apprentissage
l. terminale

9. Complete

a. cherche
b. matière
c. riche
d. première
e. apprentissage
f. devoirs
g. ennuyeux
h. faible

10. Translate into English

a. Next year I will be in Year 12.
b. I am looking for an office job.
c. My dream is to travel around the world.
d. I would like to do a well-paid job.
e. I will choose a career in industry.
f. I am going to leave school after my GCSEs.
g. My future scares me.
h. I hate science because it's hard.
i. In Year 12 I want to study a language.
j. Je ne suis pas fort en langues.

11. Translate into English

a. I walk to school.
b. I think there is too much homework each night.
c. Last weekend I played rugby for school.
d. I don't want to go to university.
e. There are 800 pupils in my school.
f. Lessons start at 9 o'clock.
g. I went to the theatre with my class.
h. In the future I would like to become a lawyer.
i. School uniform is practical.
j. I have five lessons per day.

Foundation reading

1. a. Leila b. Jade c. Leila d. Jade e. Frank f. Frank

2. a. homeowrk b. playground c. friendly

3. Sandrine P/N   Mathieu P   Fatiha N   Jean-Paul P/N

4. Correct sentences are : a,c,f

5. a. languages b. travelling/meeting new people   c. reading/writing stories   d. work hard   e. do computing/create video games

6. a. uncomfortable   b. school visits   c. boring   d. weeks

Unit 3 Answers
Higher vocabulary building

1. Match up

entretien	interview
carrière	career
équipe	money
avenir	future
choix	choice
boulot	job
argent	money
salaire	salary
terminale	Year 13
faible	weak
première	Year 12
fort	strong

2. Correct

a. confidence

b. interview

c. (Correct)

d. (Correct)

e. to manage

f. challenge

g. job

h. forbidden

3. One of three – circle the right answers

but	goal		
jeune		young	
école		school	
boulot			job
fort	weak		
malgré	despite		
langue		language	
nul			rubbish
métier		job	
rêve	dream		
utile	useful		

4. P/N

a. P
b. N
c. N
d. P
e. N
f. P
g. N
h. P
i. P

5. Complete

a. job
b. Chemistry
c. weak
d. passed
e. young
f. year
g. wish/want
h. work
i. hope
j. exciting
k. bullied

6. Match the opposites

bon	mauvais
bien	pauvre
nul	génial
fort	faible
riche	pauvre
utile	inutile
dur	facile
gentil	méchant
paresseux	travailleur

7. Translate into English

a. to bully
b. to manage
c. useful
d. well-paid
e. work, job
f. hard
g. to look for
h. job
i. plans
j. to wish
k. to dream
l. weak
m. to succeed, pass
n. goal
o. to hope
p. money
q. salary
r. to allow

8. Letters

a. gérer
b. rêver
c. nul
d. argent
e. fort
f. jeune
g. boulot
h. juste
i. bon

9. Unjumble/translate

b. chercher to look for
c. argent money
d. utile useful
e. fort strong
f. projets plans
g. dur hard
h. gérer to manage

10. Break the flow.

a. J'ai/été/harcelée/quand/j'étais/petite.
b. Je/vais/faire/une/année/sabbatique/l'année/prochaine.
c. Après/mes/examens/je/chercherai/un/boulot.
d. Je/vais/travailler/dans/une/banque/ou/un/bureau.
e. Je/pense/que/je/veux/gagner/beaucoup/d'argent.
f. Je/voudrais/faire/un/boulot/dans/un/magasin/ou/une/école.
g. Je/ne/voudrais/jamais/travailler/comme/prof/ou/avocat.
h. Je/rêve/de/devenir/médecin/dans/un/grand/hôpital.

11. Complete

a. travaillerai
b. faire
c. étudierai
d. rêve
e. gagnerai
f. chercherai
g. réussir
h. voudrais
i. expliquent
j. espère
k. serai
l. suis

12. Translate into English

a. My favourite subjects are Spanish and geography.
b. I always get on well with my teachers.
c. The maths teacher is strict, but kind and hard-working.
d. I think that the lessons are varied and exciting.
e. The French teacher explains the subject well.
f. I learned a lot while visiting the Louvre.
g. At break I talk with my friends in the playground.
h. I intend to go to university after my exams.
i. I would like to do an interesting well-paid job.
j. Last night I prepared for my French exam.
k. Music is more fun than maths.
l. What I like most is seeing my best friend.
m. I would like to work abroad one day.
n. I dream of becoming a doctor or researcher.
o. Next year I am going into Year 12.

Higher reading

1. Correct statements: a, c, f
2. A. scared b. abroad c. a year off in England/works for a charity d. turn them into a job e. is it just a dream? F. coping with everything he has to do at the moment
3. 1b 2a 3b 4c 5a   4. a. watched b. have to be twice as good, twice as qualified c. is it worth the struggle? D. prove she is capable e. Skin colour and clothes do not matter
5. 1b 2a 3c 4a 5b
6. a. exciting b. history of planet/animal species c. free time to explore d. never seen a museum like that e. being with friends f. tired and happy

Unit 3 Answers
Grammar focus – comparing present and past

VERB	PRES/PAST	VERB	PRES/PAS	VERB	PRES/PAST
je vais	PRES	j'ai visité	PAST	c'est	PRES
je préfère	PRES	je visite	PRES	c'était	PAST
j'ai préféré	PAST	j'allais	PAST	il fait (careful!)	PRES
j'aimais	PAST	nous avons joué	PAST	il faisait	PAST
j'adore	PRES	nous jouons	PRES	elle a fait	PAST

D'habitude je vais à l'école à pied.	PRES	Hier soir j'ai fait mes devoirs.	PAST
Hier j'ai joué avec mes copains.	PAST	Je parle avec mes amis dans la cour.	PRES
Quand j'étais petite, je parlais beaucoup.	PAST	Lundi dernier il a visité un musée.	PAST
Avec ma classe je suis allé au théâtre.	PAST	Les repas ne changent pas beaucoup.	PRES
La prof a bien expliqué son cours.	PAST	J'allais à l'école primaire.	PAST
En ce moment je travaille chez moi.	PRES	La prof explique bien la matière.	PRES
Je n'ai jamais aimé les sciences.	PAST	Je m'entends bien avec les profs.	PRES
J'apprends beaucoup en cours de maths.	PRES	J'ai travaillé pendant deux heures. Ouf !	PAST
Il y a deux ans je faisais de la natation.	PAST	Nous parlons beaucoup en cours.	PRES
Le week-end dernier on a joué au rugby.	PAST	J'adore étudier la grammaire.	PRES

1. Add the missing letters

a. nous devons   j. ils aiment

b. elle va   k. que fais-tu ?

c. on fait   l. j'apprends

d. je veux   m. nous sommes

e. tu choisis   n. on a

f. nous pouvons   o. je préfère

g. vous allez   p. elles ont

h. je vais   q. je travaille

i. tu préfères   r. on joue

2. Complete

a. préfère

b. vais

c. voit

d. joue

e. aime/adore

f. commence

g. espère

h. dois

i. déteste

j. travailles

3. Insert

a. nous   i. je/tu

b. ils   j. tu

c. elle   k. nous

d. vous   l. je

e. nous   m. nous

f. ils   n. j'/elle

g. nous   o. J'

h. je/elle   p. tu

4. Circle…

a. J'**ai**

b. Nous **avons**

c. On **a**

d. J'**ai**

e. Il n'**a**…

f. J'**ai**

g. Elle **a**

h. Vous **avez**

5. Complete

a. J'ai…

b. Il n'a pas…

c. Elles ont…

d. Nous avons…

e. Je n'ai jamais…

f. Ils ont…

g. Elle a…

6. Pronouns

a. **Il** est allé au collège en bus.

b. **Je** suis restée après les cours.

c. **Ils** sont arrivés en retard.

d. **Tu** es venue à pied ou à vélo ?

e. **Nous** sommes partis tôt.

f. **Vous** êtes arrivés à l'heure ?

g. Avec qui est-**elle** allée au travail ?

h. **Ils** ne sont pas venus à l'école.

7. Correct the mistakes

a. Elle **est** sortie…

b. Nous sommes **allés**…

c. Mon père est **arrivé**…

d. Ma sœur n'**est** pas…

e. Mes parents **sont** allés…

f. À quelle heure **es**-tu arrivé…

g. Vous êtes **rentrées**…

h. Je **ne suis** pas…

8. Past or Present ? Then translate

Example : hier	PAST	yesterday
aujourd'hui	PRES	today
maintenant	PRES	now
samedi dernier	PAST	last Saturday
en ce moment	PRES	at the moment
il y a deux mois	PAST	two months ago
la semaine dernière	PAST	last week
actuellement	PRES	now

Unit 3 Answers
Grammar focus – comparing present and past (continued)

9. Circle the correct verb in italics

a. Hier *je vais/**suis** allé* au collège.

b. En ce moment nous ***travaillons**/avons travaillé* dur.

c. Marine *joue/**a joué*** au football hier soir.

d. En général elle ***préfère**/a préféré* les sciences.

e. Quand j'***étais**/suis jeune*, je faisais de la danse.

f. J'*ai écouté/**écoute*** bien la prof maintenant.

g. J'***ai joué**/joue* au rugby samedi dernier.

h. Enfin, Djamal *trouve/**a trouvé*** un boulot à Lyon.

10. Complete the translation

a. Je **travaille** dur.

b. J'**ai aimé/aimais**

c. Je **suis** heureux à l'école.

d. J'**ai été/étais** à l'école hier.

e. Je **fais** mes devoirs.

f. Elle **a fait** ses devoirs.

g. Nous **avons trouvé** un boulot.

11. Present to past

b. j'ai travaillé

c. j'ai été

d. j'ai eu

e. on a joué

f. nous avons visité

12. Answer positively using a whole sentence

a. Oui, je vais toujours au collège en voiture.

b. Oui, j'ai eu maths et anglais hier.

c. Oui, je suis arrivé(e) au collège hier à huit heures.

d. Oui, je préfère le français à l'histoire.

e. Oui, j'ai visité le château avec **ma** classe.

f. Oui, j'espère aller à l'université un jour.

13. Tangled translation

a. Elle *a travaillé* dans un *bureau*.

b. J'ai *décidé* de devenir *médecin*.

c. Nous *avons* trop de *devoirs* chaque *jour*.

d. Hier nous *avons eu* ma *matière* préférée.

e. J'ai *parlé* français *pendant* le *cours*.

f. *Chaque* jour *j'ai* six *cours*. Je *pense* que c'est *trop*.

14. Translate into French

a. Je vais toujours à l'école à vélo.

b. Je suis allé(e) au club d'informatique avec mon meilleur ami /ma meilleure amie.

c. Je m'entends bien avec mon/ma prof de français.

d. Je détestais mon/ma prof de maths beaucoup.

e. Je suis fort(e) en musique, mais faible en histoire.

f. J'étais plus fort(e) en espagnol l'année dernière.

g. je viens de decider de devenir avocat(e).

h. Aujourd'hui je suis heureux/heureuse; hier j'étais triste.

Unit 3 Answers
Preparing for speaking and writing

1. Complete

a. avenir

b. réussir

c. jeune

d. travailleur

e. sabbatique

f. devenir

g. eu

h. chercher

i. est

2. Complete

a. chercher

b. travaillerai

c. devenir

d. vais

e. ferai

f. eu

3. Complete

a. matière

b. boulot

c. apprentissage

d. rêve

e. étudier

f. porte

g. faire

h. aller

4. Complete the table

Masculine	Feminine
gentil	gentille
dur	dure
travailleur	travailleuse
paresseux	paresseuse
nul	nulle
bien payé	Bien payée
acteur	actrice
professeur	professeure
strict	stricte
intéressant	intéressante
ennuyeux	ennuyeuse
facile	facile

5. Add accents and translate

a. J'espère avoir un boulot bien payé.
I hope to have a well-paid job.
b. Mon frère est en quatrième.
My brother is in Year 9.
c. C'est ma matière préférée.
It's my favourite subject.
d. J'ai été harcelée au collège.
I was bullied at school.
e. Je préfère les matières scientifiques.
I prefer science subjects.
f. L'année dernière j'étais en troisième.
Last year I was in Year 10.

6. Correct option

a. *vais*

b. *j'ai eu*

c. *je vais finir*

d. *je cherche*

e. *je vais passer*

f. *fais*

g. *j'étais*

h. *je serai*

i. *faisais*

7. Complete

a. boulot

b. devoirs

c. troisième

d. prochaine

e. devenir

f. apprentissage

g. riche

h. année

i. trop

8. Sentence puzzle

a. J'apprends beaucoup dans mes cours de science.

b. Je m'entends bien avec mes profs.

c. La prof d'anglais est trop stricte.

d. Je discute avec mes amis dans la cour.

e. Le prof de maths explique bien la matière.

9. Translate into English

a. Ma matière préférée est le français.

b. Je m'entends bien avec mes profs.

c. Le/la prof de maths est assez strict(e).

d. Je pense que les cours sont super (formidables).

e. Le/la prof de français explique bien la matière.

f. J'apprends beaucoup dans mes cours de maths.

g. À la récré(ation) je parle/discute avec mes ami(e)s dans la cour.

h. Je rêve d'aller à l'université.

i. Je voudrais faire un emploi/travail/boulot intéressant et bien payé.

j. Hier soir j'ai préparé mon examen de français.

k. La musique est plus amusante que les maths.

l. Ce que j'aime le plus, c'est voir mes amis.

Unit 4 Answers
Foundation vocab building

1. Match up

endroit	place
pays	country
bord	edge
plage	beach
rester	To stay
moyen	means
partir	to leave
propre	clean
temps	weather
mer	sea
logement	accommodation

2. Correct

a. cold **drinks**

b. it was **hot/warm**

c. **abroad**

d. (Correct)

e. **beautiful** places

f. (Correct)

g. **accommodation**

h. to lose **a suitcase**

i. (Correct)

3. One of three – circle the right answer

valise			*suitcase*
mer			*sea*
plage			*beach*
avion		*plane*	
louer			*to rent*
passer			*to spend*
étranger	*foreign*		
lieux		*places*	
acheter			*to buy*
voler	*to fly*		

4. Tick

a. voler √

b. car √

c. voiture √

d. temps

e. plage

f. vélo √

g. avion √

h. forêt

5. Complete

a. journey

b. discover

c. buy

d. swim

e. relax

f. plane

6. Translate into English

a. fast e. places i. hot/warm

b. view f. flight j. clean

c. weather g. to stay k. country

d. to spend h. beach l. foreign

7. Sentence puzzle

a. Il y avait de belles plages.

b. Il faisait beau et très chaud.

c. On est restés dans un bel hôtel sur la côte.

d. Le vol à Londres a été court et agréable.

e. Dans la ville il y avait beaucoup de bruit.

f. La région était belle et pleine de lieux historiques.

h. L'année dernière on a passé nos vacances au Maroc.

8. Complete

a. chaud

b. belle

c. sud

d. voyagé

e. hôtel

f. lieux

g. formidables

h. préfère

9. Translate into English

a. I left on the 14th July.

b. I arrived on the 15th July.

c. I travelled by boat.

d. The journey was boring.

e. I stayed in a hotel on the coast.

f. I swam every day.

10. Tick all the geographical terms

a. montagne √   g. boisson

b. cuisine   h. avion

c. nord √   i. région √

d. sud √   j. pays √

e. rivière √   k. mer √

f. valise

Foundation reading

1. a. Gérard b. Moussa c. Lise d. Moussa e. Gérard f. Lise
2. a. fast b. walks c. seaside d. plane
3. Pedro P Rahim P/N Jade N Fleur P
4. 1c 2a 3b
5. a. Tourism in the Alps/has pros and cons
   b. Tourism creates work for them
   c. Eat in restaurants/stay in hotels and dwellings
   d. Loss of forests
6. 1b 2b 3a
7. a. By the sea/south of the island
   b. Sea views
   c. Beach/mountains
   d. not far away

11. Translate into English (on separate paper)

a.   I like to take the plane and the train, but I prefer the car.

b.   Unfortunately the plane is bad for the environment.

c.   I went to the seaside by car with my parents.

d.   You need a car in the countryside.

e.   Near our campsite there are shops, hotels and restaurants.

f.   Last year I went to France by car and by boat.

g.   Next summer I am going to stay in England during the holidays.

h.   I like holidays by the seaside because I love the beach.

i.   During the holidays I bought some souvenirs for my friends.

j.   I like the countryside because it is quiet and beautiful.

k.   I prefer holidays abroad; it's more interesting.

Unit 4 Answers
Higher vocabulary building

1. Match up

côte	coast
mer	sea
lieu	place
vol	flight
billet	ticket
ile	island
avion	plane
séjour	stay
vue	view
repas	meal
pluie	rain
vent	wind

2. Correct…

a. **on** the **coast**

b. a foreign **country**

c. to **go out** at night

d. a beautiful **place**

e. to cross the **sea**

f. to dream of **leaving**

g. an **expensive** hotel

h. une **île** française

3. One of three – circle the right answers

dehors	*inside*	*outside*	*beyond*
lieu	*lake*	*place*	*town*
coûter	*to pay*	*to buy*	*to cost*
pluie	*snow*	*rain*	*sun*
pays	*region*	*country*	*city*
séjour	*stay*	*place*	*rest*
temps	*weather*	*rain*	*tempo*
étroit	*long*	*wide*	*narrow*
vieux	*young*	*view*	*old*
vol	*river*	*flight*	*journey*
passer	*to go*	*to buy*	*to spend*

4. Spot and translate <u>verbs</u>

a. rivière

b. sortir – to go out

c. traduire – to translate

d. étranger

e. surprendre – to surprise

f. propre

g. perdre – to lose

h. découvrir – to discover

5. Complete

a. scenery
b. abroad
c. made the most of
d. best
e. flight
f. open
g. clean
h. chose
i. island
j. view
k. stay

6. Match the opposites

cher	bon marché
acheter	vendre
beau	mauvais
froid	chaud
partir	arriver
court	long
s'amuser	s'ennuyer
propre	sale
perdre	trouver

7. Circle…

a. *passé*
b. *acheté*
c. *faisait*
d. *choisi*
e. *été*
f. *sortis*
g. *perdu*
h. *amusé*
i. *essayé*

8. Missing

a. chaud
b. pays
c. hôtel
d. vue
e. côte
f. rivière
g. court
h. plage
I. repas

9. Unjumble/trans

b. beau	fine, beautiful
c. cher	expensive
d. passer	to spend
e. mer	sea
f. avion	plane
g. perdre	to lose
h. île	island

10. Break the flow. Insert lines where there should be gaps

a. Le/dernier/vol/en/Martinique/a/été/long/et/ennuyeux.

b. On/a/choisi/un/hôtel/de/luxe/au/bord/de/la/mer/à/Cannes.

c. Je/me/suis/relaxé/en/me/reposant/sur/la/belle/plage/formidable.

d. Il/a/fait/beau/tous/les/jours/sauf/un/jour/où/il/a/plu/beaucoup.

e. On/a/passé/nos/grandes/vacances/à/la/montagne/en/Suisse.

f. On/a/voyage/en/avion/et/puis/on/a/loué/une/petite/voiture.

g. Le/pire/c'était/le/temps/car/il/a/plu/presque/tous/les/jours.

h. Le/séjour/a/été/court/mais/très/agréable/car/je/me/suis/bien/relaxé.

11. Complete

a. voyagé
b. été
c. découvert
d. faisait
e. choisi
f. perdu
g. retrouvé
h. nagé
i. acheté
j. relaxé
k. danser
l. bu

Higher reading

1. a. 2004 b. sugar factory
   c. sea journey/work/life
   d. Every day except Mondays
2. a. P b. F c. N d. P
3. 1a 2c 3b 4 Twilight/sunset
4. a. narrow b. trad buildings/local food
   c. blue and pretty d. drink their tea
   e. camel f. tent/uncomfortable
5. a. admired scenery b. country house/
   Two floors/Fields around
   c. Fresh fish/seafood
   d. After visiting a castle e. No rain
6. a. Quebec b. Beach/walk in mountains
   c. Seal d. Varies a lot from season to season (quite warm in summer, cold in winter) e. natural beauty/cultural wealth
7. a. 3rd floor/old apartment block/just outside Chamonix
   b. Work will be needed
   c. Small family
   d. Death of grandparents

12. Translate into English

a. The train is cleaner than the plane.
b. I love travelling by train because it is so fast.
c. Cycling is better for health.
d. Despite the pollution, the car is very practical.
e. Public transport is fast and on time.
f. I spoke a lot while visiting France.
g. You can do mountain walks there.
h. I intend to stay in England this year.
i. There was a beautiful view of the sea.
j. I discovered little streets and restaurants.
k. I hope to return to France next year.
l. What I like most is when the weather is fine.
m. I would like to visit Australia one day.
n. I shall never forget those holidays.
o. We stayed in a hotel by the seaside.

Unit 4 Answers
Grammar focus - adverbs
Spot the adverbs

a. Je recycle **régulièrement** des déchets.	g. **Heureusement** il y a **assez** de petits magasins.
b. **Maintenant** je suis **à la gare avec mes amis.**	h. **En général** on va **en ville à vélo** ou **à pied.**
c. Je suis arrivée **au collège en retard.**	i. **Demain soir** je vais rentrer **assez tard chez moi.**
d. L'église est **là-bas**, en face du marché.	j. Le grand château est **loin** d'ici, **à la campagne.**
e. Il y a **beaucoup** de magasins **ici** à La Rochelle.	k. **Demain** je vais **à Paris en train à dix heures.**
f. **Samedi**, il va **vite** visiter le vieux marché.	l. J'adore la ville, **surtout** le marché **sur la place.**

1. Match up – time adverbs

souvent	often
toujours	always
jamais	never
quelquefois	sometimes
tard	late
en retard	late (for)
tôt	early
ensuite	then
récemment	recently
demain	tomorrow
hier	yesterday
actuellement	now
avant	before
après	after

2. Complete

a. Hier
b. souvent… après/avant
c. Quelquefois
d. jamais
e. ensuite
f. Avant
g. Après
h. tôt/tard
i. toujours
j. retard
k. Actuellement

3. Adverbs from adjectives

a. actuellement
b. rapidement
c. récemment
d. facilement
e. généralement
f. normalement
g. lentement
h. largement
i. régulièrement
j. directement
k. complètement
l. probablement
m. entièrement
n. absolument
o. extrêmement
p. heureusement
q. certainement
r. finalement

4. Translate

a. well
b. better
c. badly
d. worse
e. still, again
f. already
g. even
h. after
i. near

5. Add the missing letters

a. lentement
b. facilement
c. toujours
d. quelquefois
e. actuellement
f. avant
g. aujourd'hui
h. hier
i. même
j. récemment
k. longtemps
l. bientôt
m. à l'avenir
n. jamais
o. maintenant
p. demain
q. vite
r. mieux

6. Add the vowels

a. généralement : generally
b. absolument : absolutely
c. relativement : relatively
d. extrêmement : extremely
e. apparemment : apparently
f. évidemment : obviously
g. parfaitement : perfectly
h. heureusement : fortunately
i. certainement : certainly

7. Translate

a. hier
b. demain
c. quelquefois
d. après
e. maintenant
f. avant
g. déjà
h. là
i. ici
j. ensuite
k. toujours
l. mieux
m. pire
n. vite
o. calmement

8. How, where, when

a. demain
b. en avion
c. à l'étranger
d. en train
e. dans deux jours
f. à Londres
g. trois jours
h. rapidement
i. un peu

9. Translate into French

a. Je vole beaucoup.

b. Je voyage souvent à Londres.

c. On ne va jamais en Espagne.

d. J'ai déjà acheté un billet.

e. Chaque lundi je vais au travail à pied.

f. La semaine dernière j'ai visité le marché.

g. Récemment elle est allée à Paris en avion.

10. Translate into French

a. En été on voyage souvent en Espagne en voiture.
b. Je vais en Écosse depuis dix ans.
c. Après avoir visité Nice, on est allés à Paris en train.
d. Quelquefois je préfère arriver vite à ma destination.
e. Tu as (Vous avez) déjà visité la Suisse en train ?
f. Actuellement on espère visiter la France l'année prochaine.
g. En voiture je peux voyager directement à ma destination.
h. Heureusement il faisait/a fait beau en Écosse l'année dernière.
i. Je ne voyage jamais à l'étranger en avion.
j. Tu voles régulièrement à Londres, ou tu prends la voiture ?
k. On aime toujours visiter de nouveaux pays.
l. Avant d'aller à Montréal, je réserverai des billets en ligne.
m. Souvent, on reste en Angleterre, même s'il fait mauvais.
n. L'année prochaine je n'irai/ne partirai pas probablement en vacances.

Unit 4 Answers
Preparing for speaking and writing

1. Split sentences

L'hôtel était	très beau, mais cher.
Je voyage	en avion.
Je vais	à l'école en bus.
Je préfère les	vacances au bord de la mer.
L'été dernier je	suis allé au Canada.
Les transports	publics sont très bons
Je préfère	prendre le vélo.
J'aime découvrir	la cuisine d'autres pays
Mon rêve c'est	d'aller à l'étranger.

2. Broken words

a. vacances

b. moyen

c. découvrir

d. campagne

e. logement

f. louer… voiture

g. passer… semaine

h. perdre… valise

i. essayer

j. bord… mer

3. Complete

a. année… Espagne

b. voyagé… loué

c. choisi… bord

d. allé(e)… plage

e. nagé… lu

f. relaxé… promenades

g. sorti(e)… danser

h. essayé… bonne

i. rêve… aller

4. Tangled trans

a. *Je suis allé*

b. bonnes vacances

c. en bateau

d. la rivière

e. logement

f. *choisir*

g. vue

h. historiques

i. *passer*

j. relaxé

k. visité

5. Complete the answers to the questions

a. Où es-tu allé en vacances l'année dernière ?
b. Je suis **allée** au Maroc avec **ma** famille.

a. Comment as-tu voyagé ?
b. J'**ai** voyagé en **avion**.

a. Où as-tu logé ?
b. J'ai logé **dans** un hôtel au bord de la **mer**.

a. C'était comment ?
b. C'était **très** sympa. Mais il faisait trop **chaud**.

a. Qu'est-ce que tu as fait ?
b. J'ai **nagé** dans la mer et je me suis **relaxé**.

a. Qu'est-ce que tu as vu d'intéressant ?
b. J'ai vu des animaux et des **lieux** historiques.

6. Complete

a. voyagé

b. acheté, réservé

c. visité, vu

d. essayé, goûté

e. passé

f. relaxé(e), reposé(e)

g. nagé

h. fait

i. pris

j. parti(e), arrivé(e)

7. Sentence puzzle

a. Je suis allé en vacances.

b. J'ai logé dans un hôtel.

c. J'aime visiter des endroits touristiques.

d. Je préfère aller à la montagne.

e. J'ai passé deux semaines en Angleterre.

f. J'aime visiter des pays étrangers.

8. Correct the mistakes

a. <u>Je suis resté</u> dans un hôtel trois étoiles.

b. <u>J'ai voyagé à vélo</u> et en train.

c. L'année dernière <u>je suis allé</u> au Canada.

d. D'habitude, je vais <u>à l'école</u> en autobus.

e. <u>Je suis sorti</u> avec mes amis tous les soirs.

f. <u>Je me suis relaxé</u> en écoutant de la musique à la plage.

g. L'<u>année</u> prochaine <u>je vais aller</u> en France.

h. On a essayé <u>la cuisine</u> locale.

9. Add the missing accents

a. Je suis allé à la plage à vélo.

b. J'aime visiter des pays étrangers.

c. Je vais au collège à vélo chaque jour.

d. J'ai logé dans un bel hôtel près de la plage.

e. Je me suis reposé longtemps à la plage.

f. J'ai écouté ma musique dans la voiture.

g. Je préfère aller à la montagne en général.

h. J'ai déjà parlé français en vacances.

10. Translate into French

a. J'aime souvent prendre le train et l'avion.
b. Je préfère le train parce que c'est rapide et propre.

c. L'avion est mauvais pour l'environnement.

d. Hier je suis allé(e) au bord de la mer en voiture.

e. Généralement je vais à l'école à pied.

f. Heureusement on n'a pas besoin d'une voiture.

g. Près de chez moi il y a des magasins et des hôtels.

h. Il y avait une vue formidable sur la mer.

i. J'ai découvert des petites rues et des restaurants.

j. J'espère retourner en France l'année prochaine.

Unit 5 Answers
Foundation vocab building

1. Match up

nager	to swim
jouer	to play
lire	to read
courir	to run
apprendre	to learn
télécharger	to download
perdre	to lose
faire	to do
regarder	to watch
écouter	to listen
danser	to dance

2. Correct

a. I like to **sing**

b. I like to **read**

c. (Correct)

d. I like to **play**

e. I like to **learn**

f. (Correct)

g. (Correct)

h. (Correct)

i. I often **swim**

3. One of three – circle the right answer

jeu		game	
écrire		to write	
vélo	bike		
livre			book
lire			to read
portable	mobile		
roman			novel
perdre		to lose	
stade	stadium		
gagner	to win		

4. Tech words

a. portable √

b. natation

c. télécharger √

d. ordinateur √

e. stade

f. en ligne √

g. promenade

h. écran √

5. Complete

a. programme
b. cycling
c. download
d. novel
e. online
f. go out

6. Translate into English

Francais	English	Francais	English
toujours	always	perdre	to lose
souvent	often	passer	to spend
quelquefois	sometimes	nager	to swim
jamais	never	lire	to read

7. Sentence puzzle

a. Je joue sur mon portable tous les jours.
b. Je ne fais pas beaucoup de sport.
c. Je passe deux heures par jour sur Internet.
d. J'aime faire des promenades ou courir dans le parc.
e. Souvent, après l'école je sors avec mon copain.
f. Mon passe-temps préféré, c'est faire du vélo.
g. Je regarde des films et des émissions de musique.

8. Complete

a. regarde

b. fais

c. joue

d. passe

e. parle

f. sors

g. vais

h. lis

9. Translate

a. I go to the stadium.

b. I spend an hour.

c. I do sport.

d. I watch a programme.

e. I listen to a song.

f. I go out with my friends.

10. Negatives

a. beau

b. sympa

c. ennuyeux √

d. affreux √

e. amusant

f. mauvais √

g. dangereux √

h. perdre √

i. nul √

j. mal √

k. bien

11. Translate into English

a. I like football and music. My favourite music is hip hop.
b. My favourite pastime is reading. I love crime novels.
c. I play the guitar and the piano. Also, I like to draw.
d. I don't play a musical instrument. But I would like to learn.
e. When the weather is nice, I go cycling in the countryside.
f. I like shopping with my friends.
g. I love playing on the games console with friends.
h. Last night I watched a series on TV. It was great!
i. I like partying with my friends. I love to dance!
j. Last weekend I played on my computer for ten hours!
k. Next weekend I'm going to go to my friend Martine's.

Foundation reading

1. a. Fateha b. Perrine c. Victor d. Fateha e. Victor f. Perrine

2. a. Badly b. Garden c. Ice creams

3. Amandine P Mohamed P/N Aymeric N Hélène N

4. 1c 2a 3b 4b 5c If you are at sea it is less dangerous if you can swim

5. a. Everywhere b. Brings people together c. Play for a top team d. Play a lot/but less often

6. a. Writes songs b. Because it is difficult c. Write a song about a character in a novel d. Play in a band

7. Football P Swimming P Cycling N Running F

Unit 5 Answers
Higher vocabulary building

1. Match up

écran	screen
ordinateur	computer
livre	book
portable	mobile
goût	taste
jeu	game
lecture	reading
en ligne	online
roman	novel
courses	shopping
intérêt	interest
chanson	song

2. Correct

a. (Correct)
b. to **learn**
c. to **win, earn**
d. (Correct)
e. to **read**
f. to **write**
g. to **go out**
h. to **download**

3. One of three – circle the right answers

goût	taste		
équipe	team		
courir		to run	
essayer	to try		
jeu			game
courses			shopping
perdre		to lose	
trop		too	
lire	to read		
passer			to spend
nager			to swim

4. Tick…

a. écouter
b. se promener √
c. lire
d. nager √
e. courir √
f. regarder
g. se reposer
h. marcher √
i. voir

5. Complete

a. series
b. nothing
c. relax
d. novels
e. sports ground
f. swimming
g. sometimes
h. spend
i. games
j. phone

6. Match the opposites

perdre	gagner
toujours	jamais
ennuyeux	amusant
se reposer	se fatiguer
affreux	génial
sain	malsain
cher	bon marché
aller	venir
rarement	souvent

7. Circle…

a. *courses*
b. *regarde*
c. *perdu*
d. *intéresse*
e. *écouté*
f. *passe*
g. *essaie*
h. *fais*
i. *lire*

8. Letters

a. perdre
b. roman
c. courir
d. passer
e. se reposer
f. gagner
g. terrain
h. cher
i. essayer

9. Unjumble

a. livre book
b. perdre to lose
c. gagner to win, earn
d. natation swimming
e. sortir to go out
f. essayer to try
g. lire to read
h. goût taste

10. Break the flow. Insert lines where there should be gaps

a. À/mon/avis/il/est/important/d'avoir/des/passe-temps/dans/la/vie.
b. Je/fais/de/la/natation/à/la/piscine/depuis/cinq/ans.
c. J'adore/aller/à/la/plage/quand/il/fait/beau/ou/chaud.
d. Quand/j'étais/petite/je/faisais/de/la/danse/deux/fois/par/semaine.
e. J'ai/décidé/de/faire/une/promenade/à/la/campagne.
f. Samedi/dernier/je/suis/allé/faire/des/courses/avec/mes/copines.
g. Avant/je/jouais/aux/jeux/vidéo/mais/ça/ne/m'intéresse/plus.

11. Complete

a. lisais
b. apprends
c. vais
d. aime
e. J'écoutais
f. faisais
g. relaxe
h. cours
i. passe
j. sortir
k. suis
l. aime

12. Translate into English

a. It's important to have pastimes in life.
b. I have been swimming for five years.
c. I love going to the beach when the weather is good.
d. When I was small, I used to do dance.
e. Next Sunday we're going to go to the cinema.
f. After eating, I went to the theatre.
g. I decided to go for a walk in the countryside.
h. Last Saturday I went to do some shopping.
i. I used to play video games, but I'm no longer interested in them.
j. I hope to play an instrument one day.
k. Before going to the pool, I saw my friends in town.
l. What I like most are TV series.
m. When I was younger I did more sport.
n. I admit that I prefer music to reading.
o. I spend an hour or two per day on the internet.

Higher reading

1. 1a 2b 3 Cycling/walking/enjoying the sun 4 The latest ones 5a   2. a. F b. P c. N d. N
3. a. Perform music in public b. They thought her education was more important c. Went to university d. Sang in front of 100 people at a wedding e. She will release songs on a streaming platform
4. a. be stronger/weigh less/be healthy b. Running/swimming/cycling/dance c. Relax/meet new people d. Most popular/ 3 our of 5 French people listen to music each day e. 24 million French people spend each day 27 million hours in front of a computer or console
5. a. Shopping b. Tried on clothes/ had fun c. A bit boring d. Watched a film with family e. Read a novel
6. a. Worked on his bike b. Good to relax/have fun c. Went to the library/ read a book about history of Senegal d. He's mad
7. 1c 2c 3a

Unit 5 Answers
Grammar focus   Imperfect Tense

Je jouais au football avec mes copines.	IMP
J'aime aller au cinéma chaque week-end.	PRES
J'ai beaucoup de passe-temps en ce moment.	PRES
Je suis allé à la piscine avec mes deux amis.	PERF
Je me promenais souvent en ville avec mon copain.	IMP
Il y avait une grande piscine pas loin de la gare.	IMP
Il y a un centre de sport pas loin de chez moi.	PRES
J'ai vu mon amie Céline au café.	PERF
Je voyais toujours des amis au centre commercial.	IMP
Je fais de la danse et du yoga.	PRES
Je faisais plus de sport quand j'étais plus jeune.	IMP
J'ai fait une promenade à la plage avec ma copine.	PERF
Je fais souvent du vélo quand il fait beau.	PRES
J'aimais faire du vélo à la campagne.	IMP

1. Match up

Nous	jouions au football.
Je	faisais de la danse.
Ils	allaient à la piscine.
Marc	faisait du vélo.
Vous	Jouiez aux jeux.
Il	Pleuvait.

2. Best verb
a. *marchais*
b. *aimais*
c. *venait*
d. *faisait*
e. *courais*
f. *allais*
g. *mangeais*

3. Present to Imperfect
a. J'allais au cinéma
b. Je jouais au football.
c. Je faisais du vélo.
d. Je sortais avec mes amis.
e. J'étais très sportive.
f. J'avais beaucoup d'amis.
g. J'aimais la musique.
h. J'adorais la lecture.

4. Complete
a. jouais
b. faisait
c. sortait
d. lisions
e. écrivais
f. écoutais
g. allais
h. étais

5. Question and answers (possible answers)
a. Non, j'allais à la piscine.
b. Non, je faisais du vélo/des promenades/sport, etc.
c. Non, j'étais paresseux/Je n'étais pas actif.
d. Non, je n'avais pas beaucoup d'amis/J'étais seul.
e. Non, je restais à la maison/chez moi.
f. Non, je détestais la lecture.
g. Non, je n'avais pas de devoirs.
h. Non, j'aimais la lecture.
i. Non, je buvais du lait/de l'eau/du jus, etc.

6. Insert the missing vowels
a. Je mangeais des bonbons.
b. Nous jouions aux cartes.
c. On se promenait beaucoup.
d. Elle allait au club de danse.
e. Vous allies au stade ?
f. Je regardais des séries.
g. Je lisais des romans.
h. Nous jouions au parc.
i. J'étais plus sportive.

7. Choose…
a. faisais
b. avais
c. jouais
d. sortions
e. faisait
f. étais
g. était
h. adorais

8. Translate into French
a. Je jouais au football avec mes amis.
b. J'étais plus sportif/sportive que maintenant.
c. On allait/Nous allions beaucoup au cinéma.
d. Qu'est-ce que tu faisais/vous faisiez hier ?
e. Je parlais avec mes amis en classe/cours.
f. J'adorais lire des romans.

9. What were you doing yesterday?
a. À huit heures j'allais à l'école/au collège.
b. À dix heures je travaillais en classe/en cours.
c. À onze heures je parlais avec mes ami(e)s.
d. À midi je parlais français.
e. À midi trente/et demi je mangeais à l'école.
f. À trois heures et demie je rentrais chez moi.
g. À six heures je faisais mes devoirs.
h. À sept heures j'envoyais un message à un(e) ami(e).
i. À huit heures je regardais une série.
j. À neuf heures j'écoutais de la musique.
k. À neuf heures trente/et demie je buvais du lait.
l. À dix heures j'allais au lit/je me couchais.

Unit 5 Answers
Preparing for speaking and writing

1. Missing letters

a. lis roman
b. joue portable
c. regarde série
d. repose chambre
e. sors copain
f. vais Internet
g. écoute musique
h. vais commercial
i. cours parc
j. tchatte amis

2. Complete

a. vais
b. fais
c. vais
d. fais
e. joue (vais)
f. suis
g. suis
h. vais
i. joue

3. Complete

a. fais
b. joue
c. regarde
d. relaxe, repose
e. vais
f. joué
g. allé(e)
h. vais
i. regardais

4. Tangled translation

a. Dans mon temps libre.
b. Ils/Elles regardant la télé.
c. Je lis un livre
d. Qu'est-ce que tu fais ?
e. Pour me reposer/relaxer je chante.
f. Je joue sur mon portable.
g. Je fais une promenade.
h. Je suis très actif.
i. Je suis allé danser.

5. Sentence puzzle

a. Je ne joue pas d'un instrument de musique.
b. Quand il fait beau je fais du vélo.
c. J'aime faire les magasins avec mes amis.
d. J'adore jouer à des jeux sur ma console.
e. Hier soir j'ai regardé un beau film à la télé.
f. Le week-end dernier j'ai passé huit heures en ligne.
g. Le week-end prochain je vais aller au cinéma.
h. Il est important d'avoir des passe-temps.

6. Complete

a. en
b. de
c. chez
d. aux
e. me
f. des
g. ne
h. de
i. dans
j. du

7. Complete

a. souvent
b. rarement
c. régulièrement
d. quelquefois
e. tous les jours
f. dernier
g. prochain
h. jamais
i. demain
j. samedis

8. Complete the table

Present	Near future	Perfect tense
je vais	je vais aller	je suis allé(e)
je joue	je vais jouer	j'ai joué
je télécharge	je vais télécharger	j'ai téléchargé
je fais	je vais faire	j'ai fait
j'écris	je vais écrire	j'ai écrit
je lis	je vais lire	j'ai lu
je me repose	je vais me reposer	je me suis reposé(e)
je regarde	je vais regarder	j'ai regardé

9. Present to past

a. J'ai joué au foot.
b. J'ai fait de la danse.
c. Je suis allé(e) en ligne.
d. J'ai lu un roman.
e. J'ai regardé un film.
f. On est allé(e)s en ville.
g. On a fait des courses.
h. On a joué au rugby.
i. On a mangé.
j. On a discuté.

10. Translate into French

a. Je fais des courses/du shopping.
b. Je fais de la natation.
c. sur mon portable
d. sur mon ordinateur
e. devant la télé
f. une nouvelle émission
g. dans/pendant mon temps libre
h. Je joue à des jeux.
i. Je fais des promenades (à pied)
j. Je me repose un peu.
k. Je vais au cinéma.
l. Je lis un livre.

11. Translate into French

a. Dans/pendant mon temps libre je joue sur mon ordinateur.
b. Le week-end je vais au centre commercial.
c. Après l'école, je me repose/relaxe en écoutant de la musique.
d. Dans le bus/l'autobus, je joue avec/sur mon portable.
e. Je passe deux heures par jour sur Internet.
f. J'adore jouer à des jeux sur ma console.
g. Quelquefois/parfois je lis un livre, mais je préfère Netflix.
h. Hier je suis allé(e) à la piscine.
i. Le week-end dernier je suis sorti(e) avec mon copain/mon petit ami.
j. Demain je vais regarder un film au cinéma.
k. Le week-end prochain je vais aller à la fête chez Emma.
l. Quand j'étais petit(e), je jouais au tennis chaque jour/ tous les jours.
m. Je courais dans le parc chaque matin/tous les matins.